贵州省出版发展专项资金资助

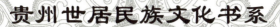

贵州世居民族文化书系

宋健 主编

华夏之裔

HUAXIA ZHI YI

史继忠 著

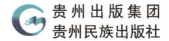

贵州出版集团
贵州民族出版社

图书在版编目（CIP）数据

华夏之裔：汉族 / 史继忠著 . -- 贵阳：贵州民族
出版社，2014.6（2020.7 重印）
　（贵州世居民族文化书系 / 宋健主编）
　ISBN 978-7-5412-2114-9

　Ⅰ . ①华… Ⅱ . ①史… Ⅲ . ①汉族－民族文化－贵州
省Ⅳ . ① K281.1

　中国版本图书馆 CIP 数据核字（2014）第 067748 号

贵州世居民族文化书系
华夏之裔·汉　族
宋　健　主编　史继忠　著

出版发行　贵州民族出版社
社址邮编　贵阳市观山湖区会展东路贵州出版集团大楼　　550081
印　　刷　山东龙岳文化传媒有限公司
开　　本　787mm×1092mm　　　1/16
字　　数　230 千字
印　　张　14.25
版　　次　2014 年 6 月第 1 版
印　　次　2020 年 7 月第 3 次
书　　号　ISBN 978-7-5412-2114-9
定　　价　45.00 元

贵州世居民族文化书系

编委会

贵州汉族分布示意图

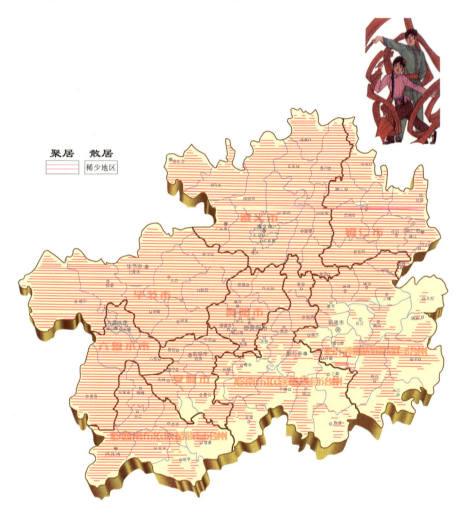

聚居　散居

稀少地区

多彩高原的民族共存

——《贵州世居民族文化书系》总序

　　多彩的贵州，神奇的高原。对于初次来到祖国大西南贵州省的人来说，触动心灵的不仅是苍山如海、溪河清澈、森林碧绿、峡谷幽深，更有那不同民族同胞悠扬的山歌和异彩的服饰。在这个有17.6万平方公里面积和600年建省历史的省份，数不尽的青山翠谷中生活着18个世居民族，他们从哪里来？世世代代如何与周围环境共处？以怎样的生活方式和民族风情为世界增光添彩？让读者朋友在轻松的阅读中了解这一切，就是我们出版这套《贵州世居民族文化书系》的目的。

　　贵州是一个多民族的省份，少数民族人口约占全省总人口的38%，全国56个民族成分贵州都有分布，而称得上"世居民族"的则有汉族、苗族、布依族、侗族、土家族、彝族、仡佬族、水族、回族、白族、瑶族、壮族、畲族、毛南族、仫佬族、满族、蒙古族、羌族等18个兄弟民族。从历史和民族源流看，除来自北方的回族、蒙古族、满族外，汉族属古代的华夏族系，其他各族分属古代的氐羌、苗瑶、百越、百濮四大族系。从地理位置看，贵州位于云贵高原东部，处于四川盆地和广西、湖南丘陵之间，是由高原向平原和丘陵过渡的地带。这种特殊的地理位置，使贵州历史上成为南方四大族系的交汇之地，成为民族迁徙的大走廊。在漫长的历史长河中，不同民族的融合，不同文化的相互影响，以及战争带来的多次大规模移民的进入，形成今天贵州多民族共存共荣的社会。

　　民族文化，指各民族在历史发展中创造的带有民族特点的文化，包含物质和精神两个方面。存在决定意识，由于贵州地处生态环境较为脆弱的喀斯特地貌带，各族群众敬畏自然，珍惜上天赋予的生活资源，注重生产方式与自然生态的和谐平衡，有着享誉世界的农业文化遗产"稻鱼鸭系统"，与草木"认干亲"的林业等生产方式和生活形态，无不彰显人与自然的和谐共处。

　　贵州历史上"连峰际天兮飞鸟不通"（王阳明《瘗旅文》）的交通困局，形成了十里不同风，百里不同俗的"文化千岛"，民族风情古朴浓郁，多姿多彩，如苗族的姊妹节、芦笙舞，布依族的八音坐唱，侗族的行歌坐月、侗族大歌，彝族的火把节，土家族的摆手舞等。而600多年前明王朝对贵州的大规模开发，江南的百万汉族移民以屯军、屯民的方式来到贵州，形成数百年的屯堡文化，至今成为明代文化遗存的奇迹。可以说，正是青山绿水与多民族的和谐共存构成了今天多彩的贵州。

　　我们这套书以大专家写小丛书为特点，以轻松阅读获取知识为目标，以直观图像结合想象力发挥为手段，采取宏观叙述与田野案例穿插叙事的方法，力图写成民族历史文化的故事书，内容虽然通俗易懂，生动有趣，但都是以坚实的学术研究为基础的，能够让读者在愉快的阅读和浏览中获取正确的知识。

　　"黔山秀水，神秘夜郎；多彩民族，千岛文化。"这是书系力图展示的贵州形象。愿书系成为我们大家了解贵州、欣赏贵州、热爱贵州的一个窗口。

《贵州世居民族文化书系》编委会

目 录
Contents

引言

　　贵州是一个多民族的省份，在 18 个世居民族中，汉族人口最多，约占全省总人口数的五分之三，分布全省各地。

　　贵州的汉族，是不同时期从不同地区移入的。汉代即有一批汉人从巴蜀进入夜郎地区，留下大量汉墓。以后又从北方移入一批汉人，在"夷多汉少"的情况下，大都变服易俗，被称为"蛮"。明代掀起移民高潮，百万移民进入云贵，主要是移民实边的"屯民"，来自江南、江西、湖广。清代的"客民"来源广泛，多是自由移民，贸易、手艺客民居多。抗战期间是"难民"，有"北方人"和"下江人"。中华人民共和国成立后，为了支援贵州建设，来了南下、西进干部和"三线建设"的厂矿与科技移民。

　　汉文化在贵州广为传播，由于历史、地理、民族、社会诸种原因，有所流变，有所创造，显现地方特点而不同寻常。贵州的汉文化，既受少数民族文化影响，又受多种地域文化影响。贵州汉语方言，不同于南方六大方言，而属于汉语北方方言。"农历"传入，不但直接指导农业生产，而且影响民风民俗。儒学在贵州出现阳明新学，沙滩成为全国知名的文化区，茅台酒誉满天下。波澜壮阔的"文化西迁"，推动了贵州文化发展。

　　移民虽然远离家乡，而风俗习惯仍在贵州沿袭，使人感到"人情似故乡"。"过年"的习俗同全国汉族一样，并扩大到少数民族地区，大家同过一个"年"。民风民俗受邻省影响，北面近于四川，东面近于湖南，南面近于广西，西面近于云南。花灯的民俗活动，因来源不同而分为四路，皆在贵州传播。

自贵州建省以来，教育兴起，俊秀之士联袂而起，"比于中外"，所举杨龙友、吴中蕃、丁宝桢、李端棻、黎庶昌、乐嘉藻、姚华、施今墨、谢六逸、马宗荣、何应钦、乐森璕、熊毅及革命英烈，在国内都有较大影响和知名度。

建筑是凝固的历史，体现了汉文化特征和贵州特色，留下许多历史记忆，以遵义海龙囤、安顺文庙、平越古城、贵阳甲秀楼和文昌阁、福泉葛镜桥、平坝天台山伍龙寺、镇远青龙洞古建筑群、青岩古镇最具代表性。

WOMENDOUSHIGUIZHOUREN

我们都是贵州人

ZUJIZAITAXIANG

祖籍在他乡

汉族渊源于"华夏"，是由夏、商、周三代许多部族融合而成。我们通常说汉族人为"炎黄子孙"，其实，炎、黄本来并不同族，炎帝统领共工等4个部落，黄帝统领夏后氏等12个部落，经过多次冲突才融为一体，定居中原。夏后氏兴于河洛之间，"会诸侯于涂山，执玉帛者万国"，融诸部族而成"诸夏"。继后殷商起于东土，"因于夏礼"而拓展疆土，"邦畿千里"、"肇域四海"，在更大的范围内融合周边部族。周部族起于西岐，文化勃兴，礼仪、服章与周边部族迥异，因"有华章之美"自称为"华"。"居夏而夏，居楚而楚，居越而越"，于是把居于中原、穿华服、行周礼的人统称为"华夏"，与周边其他部族相区别。

秦灭六国，将齐、楚、燕、赵、韩、魏纳入统一的大帝国，推行郡县制度，统一法度，统一货币，"书

同文，车同轨"，在更大的范围内形成共同的文化特征。汉承秦制，汉初经过休养生息，出现了"文景之治"，到了汉武帝时，国力强盛，疆域辽阔，文化远播。在这个统一的国家之内，民族融合加快，境内各族渐趋"华风"，语言、文字、服饰、礼仪与周边民族显著不同，于是，周边各族便把汉朝境内的人统称"汉人"，这便形成"汉族"。

汉族在民族融合中形成，又在民族融合中壮大，每经过一次民族大融合，汉族人口就增加一批。魏晋南北朝时期，匈奴、鲜卑、氐、羌等民族纷纷内迁，中原汉族大量南迁，人口流动，文化交融，血缘相混，经过300多年时间，许多民族都融入汉族，鲜卑人的汉化最为明显。唐代文化繁荣，声威达于海外，汉族昌盛起来，海外咸称汉人为"唐人"。其实，"唐人"中已融入大量的"胡人"，许多复姓如令狐、呼延、宇文、慕容、尉迟等都来自胡人。宋辽金元时期，北方民族南下，不少融入汉族。明代移民实边，汉族远徙塞外、江南、西南、关东各地，人口分布更广。经过几次民族大融合，汉族成为我国人口最多的民族，正因为汉族是"长时期内许多民族混血形成的"，所以"汉族离不开少数民族"。

汉族的形成并不是因为血缘相同，而是因为有共同的文化。汉文化实际上是多种民族文化交融的结果，每经过一次大融合，汉文化就会出现一番新的景象，两汉文化的繁荣，唐宋文化的昌盛，明清文化的高涨，莫不与民族融合有关。汉文化不断吸收多种民族文化而发展，比方说，汉人的裤子是学"胡服骑射"而有的，胡荽、胡桃、胡豆、胡萝卜、胡琴、胡笳都来自"胡人"，唐代的"十部乐"包括西凉乐、高丽乐、疏勒乐、高昌乐等，西瓜、葡萄、棉花、苹果、藏红花、高丽参、安息香、和氏璧、汗血马、貂皮、大象、孔雀等都来自边疆少数民族地区。汉语分布最广的北方方言是长期的文化交融的结果，而吴方言、湘方言、赣方言、闽方言、粤方言、客家方言则明显地受吴越、荆楚、闽越、南越等语言的影响。

贵州的汉族，是不同时期从不同地方移入的，汉代首开其端，魏晋南北朝及唐宋时多被"夷化"，明代大规模移入，清代又来了一批"客民"，近代以来，有抗日战争时期的"难民"，有中华人民共和国成立初期的移民。他们虽然来自不同地方，祖籍在他乡，但都自认为是"贵州人"。

● 最先走进夜郎的汉人 ●

在黔北、黔西北、黔西南及黔中，还有滇东和滇东北，分布着许多古老而神秘的墓，因为墓的封土既大且高，当地人都把它们称为"大坟包"。沉睡两千多年，人们一直不知墓里埋的是谁，直到近代考古兴起以后才将谜底揭开，知道这就是"汉墓"。这些墓的时间是汉代，与当地土著民的"南夷墓"不同，都是汉族墓葬。汉墓是汉族移民进入夜郎地区的历史见证，墓中埋葬着许多宝物，隐藏着诸多陈年往事，能引起我们对汉武帝"平南夷（夜郎）置牂牁郡"的历史记忆。

人们只知"夜郎自大"的典故，却不知汉朝原先也不知道夜郎，是枸酱引出了夜郎。那是在距今两千多年前，汉武帝凭着强盛的国力，开疆拓土，向北、向西、向南扩大版图，谓之"开三边"，这便是后人津津乐道的"秦皇汉武"。当时在南方有个"南越国"，地域辽阔，现今广东、广西、海南及越南都是它的地盘，不属汉朝所管。"卧榻之侧岂容他人酣睡？"汉武帝"先礼后兵"，派了一名叫唐蒙的使者去游说南越王，南越王不知天高地厚，自以为南越人多地广，离汉朝遥远，不肯归顺。看来唐蒙的南越之行将是无功而返，可是突然出现转机。唐蒙在南越都城番禺（今广州）吃到了一

威宁中水出土的玉器

威宁中水出土的青铜箭镞

西南古国分布图

夜郎自大

据《史记·西南夷列传》记载，汉使到了滇国，滇王问汉使："汉朝与我孰大？"后来汉使到了夜郎国，夜郎王也问了同样的话。滇国、夜郎国国王因为与外界交通不便信息闭塞不知道他们的领地只有汉朝一郡之地那么大，故有此问。后来便以此有了"夜郎自大"的成语，来形容骄傲无知、盲目自大。

古夜郎国范围

红点为经专家考证发现与夜郎有关的部分地点

种名为"枸酱"的食品，商人告诉他说，枸酱是蜀地（今四川）所产，贩运到夜郎后，通过牂牁江（珠江）转运到番禺。说者无心，听者有意，唐蒙灵机一动，想出了一条妙计。他想，既然夜郎有水道可通南越，何不从夜郎发兵，浮船牂牁江，攻其不意，直取南越。汉武帝对他的计谋拍案叫好，认为是"制越一奇"，于是派唐蒙出使夜郎。枸酱是何物并不重要，重要的是它引出了夜郎，引出了开"西南夷"设置郡县的种种事。

"平南夷置牂牁郡"极富戏剧性。汉武帝元鼎六年（前111年）南越反，汉朝一面派大军从湖南、江西发起正面进攻，另一面便暗中发夜郎兵击其背后。也许是歪打正着，派到夜郎的汉军还未出发，南越就被攻破了。来到夜郎的汉军，便顺手牵羊，乘机将且兰灭掉，迫使夜郎王入京朝贡，轻而易举地设立了牂牁郡。"西南夷"中最大的"夜郎国"从此被纳入汉朝版图，揭开了历史的新篇章。

随着汉军的步履，汉族移民源源进入牂牁郡。新设的边郡，首先要派兵力驻守。起初，驻守边地的士卒，每年更换一次，称为"更戍"。

这种戍边之法有许多弊端：一是士卒往来更换，路途劳苦；二是戍卒一年一换，无长久戍边之心；三是道远路遥，山川险阻，运输粮草极为艰难。后来采用了晁错的"守边备塞"之法，将"更戍"改为"屯戍"。在要害地方，建城邑、筑堡寨、修房舍，让军队驻扎守护，居有所安。又在附近开垦田土，发给农具、种子，让士卒耕田种地，军食自赡，安居乐业。为了使他们长期驻守边疆不思故里，使其男婚女配，"生死相恤，坟墓相从"，死后就地埋葬，这许许多多的汉墓群，大抵就是当年汉军屯田戍守的地方。上述汉墓的分布，基本都在牂牁郡境内。

　　"移民实边"是汉朝的一大举措。军伍不足，发巴蜀罪徒、死囚及奴婢充实边塞，这就是人们通常所说的"充军"。但牂牁郡地域辽阔，人烟稀少，到处都是荒山荒地，有限的军屯难以开发，地方贫穷，财政难以支撑，于是又采取"募豪民，田南中"的政策。以爵禄鼓励"三蜀"（蜀郡、广汉郡、犍为郡合称"三蜀"）大姓率农民，到牂牁郡开垦，将田赋纳于郡县。在汉墓中我们发现若干印章，有"巴郡守臣印"，有"郭顺之印"、"毕赣印"、"毕宗印"、"张光私印"、"谢买印"，还有"樊千万"、"赵千万"、"臣王千万"等印章。"巴郡守臣印"不用说是官吏的印章，郭顺等的私印章虽没有头衔，但也是有名有姓的大户人家，而"樊千万"、"赵千万"之类印章，特别铸上"千万"二字，是炫耀自己家财万贯。

　　来自内地的汉族移民，一律编入户籍，而夜郎各部落的人口，皆由部落酋长统率，无户籍，无赋税。两汉究竟迁入多少汉族移民呢？《汉书·地理志》记载，西汉牂牁郡"户二万四千二百一十九，口十五万三千三百六十，县十七"。到了东汉，移民又有较大增长，《续汉书·郡国志》记载："十六城，户三万一千五百二十三，口

巴郡守臣印

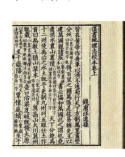

《汉书·地理志》

兴义万屯汉墓出土的东汉稻田模型

兴义交乐汉墓出土的水塘稻田模型

二十六万七千二百五十三。"这个统计数字虽不敢说精确，但自牂牁郡设立以来，汉族移民大量进入而且与日俱增，却是不争的事实，为数众多的汉墓就是证明。

巴、蜀是西南开发最早的地区，农业生产水平比周边的"西南夷"要高得多。从巴、蜀移入的汉人，来到这片空旷的地方，仍然按他们在家乡习以为常的农耕方式进行生产，无形之中把巴、蜀的先进技术带到了夜郎地区。在兴义交乐汉墓中，出土了两件"水田池塘模型"，陶制的圆盘用泥条隔开，仿佛是一道堤坝，下有水道相通。坝的一边是水田，刻画着许多稻禾。另一边是池塘，养着鱼和田螺，还种植莲藕和菱角，反映出当时水田农业兴盛的景象。更精彩的是兴义万屯汉墓出土的那件"水塘稻田模型"，陶盘的半边是长着荷花、菱角的池塘，塘中有游鱼，塘边上还站着一只小鸟，一派田园风光。在黔西县罗布夸汉墓中，发现了陶猪、陶羊和陶公鸡，陶猪低头行走觅食，体形肥硕，头大且长，四肢粗短。有人说它很像赫章的可乐猪。铜质的戈、矛、刀、剑是他们的随身武器，铁质的铲、斧、锤、凿是他们常用的工具。不难想象，他们虽然身在异乡作异客，生产方式一如既往，死后还把这些东西带进另一个世界。

在安顺宁谷汉代遗址中，发现了规模巨大的村落和房屋遗址，有5条水沟和6个灰坑，有木牍木楔、木枋等建筑构件和为数颇多的绳纹瓦、筒瓦，还有车轮瓦和云纹瓦当，有一件瓦当上还印刻着"长乐未央"字样。令人感到惊喜的是，遗址南边发现了5座陶窑，陶窑由窑门、火膛、窑、烟囱、窑顶构成，窑边还有绳纹板瓦、筒瓦残片及几

安顺宁谷汉代陶窑遗址

"长乐未央"瓦当

何纹花砖。赫章可乐西汉墓中，掘得一件"干栏"式房屋模型，房屋分上下两层，上层有柱、拱、板、枋及栏杆，下层有碓、杵。这种房屋楼上住人，楼下安放碓杵和饲养牲口，人居楼上可以防潮，可以防御野兽侵袭，适合于南方炎热潮湿的气候环境，有利于生产、生活。陶井、陶辘轳、吊桶井架、陶碓，再现农村面貌，陶灶、陶蒸、陶壶、陶釜及碗、钵是人们生活必需品。平坝马场出土了一件东汉的硬陶罐，上面刻有"永元十六年正月二十五日"字样。漆器也传了进来，清镇珚珑坝汉墓出土的朱绘雷凤纹漆耳杯和清镇新新桥汉墓出土的朱绘夔纹海潮漆纹盘，都是用麻做胎，黑底朱绘，铭文上注明"元始三年"和"元始四年""广汉郡工官造"。

如果说我们对那时汉人的衣着、习尚感到陌生的话，不妨看几件陶俑。兴义交乐汉墓出土的抚琴陶俑最为传神，一个文人雅士双膝并拢，席地跪坐，一手抚古琴，另一手拨弄琴弦，他双目略闭，面带笑容，感情投入，优雅自如，若有所思，给人以余音绕梁三日而不散之感。他头缠平巾帻，身披右衽宽袖衣，内穿一件圆领衫，这大概就是当年

可乐出土的干栏式陶屋

可乐出土的画像汉砖《出行图》

兴义交乐汉墓出土的抚琴俑

威宁中水汉墓出土的飞鸟形铜带钩

汉族文士的着装吧。黔西县罗布夸汉墓出土的三件舞乐陶俑，使人想见汉代人喜爱歌舞的风尚，一人弹筝，另一人手舞足蹈，其乐无穷，穿的也是圆领长衫，惟妙惟肖，生动活泼。

看来，那时的人很喜欢打扮，头上戴发钗，衣上有带钩、扣饰，手上戴戒指、手镯，还喜用金、银、玉石、琥珀、玛瑙、水晶、绿松石作饰物。带钩是铜做的，出自威宁中水汉墓的牛头形、飞鸟形铜带钩和鲵鱼形铜带钩都很精致，富有生活气息和乡土特色。有一件同劳比五铜澡盘是西汉元始四年（4 年）所造，产地是益州同劳县，"比五"是盘的周长，是用来洗手的。人们经常"窥镜自视"，以正衣冠，用的是一种磨光的铜镜，光亮照人，有一件铭文铜镜，上有"盖作镜，自有纪，辟去不祥，宜古市，长保二亲"等字。照明镜上有"杨君好皎光见美择作配"的铭文。日光镜上铸有"见日之光，长不相忘"字样。还有四乳铜镜、星云纹铜镜等。

随着汉族移民的到来，中原、巴蜀文化在牂牁郡传播。富贵之家把死者生前心爱之物随葬，如今成了珍贵文物，展现汉文化的风采。兴义万屯汉墓出土的东汉铜车马，一匹高头大马拉着一辆有篷的双轮车，马的造型生动，昂首挺胸，鬃毛耸立，马尾上翘，张口嘶鸣，一只前脚上提作奔跑状。做工精致，使用浇铸、锻打、延展等工艺，用扣接、焊接、铆接、子母扣套合等方法将各种部件组合成型。交乐出土的铜

铸连枝灯，构思奇特，灯座中
心是一个称为"玄武"的怪物，
突兀长出一株树，两条龙沿树
干盘旋而上，树梢和树枝上都
有圆盘形的灯盏，枝上还塑有
朱雀、鹦鹉和乐人，乐人或蹲
或跪，在灯架上吹箫、唱歌。
清镇琊珑坝出土的铜龟灯，做
工精巧，乌龟形象逼真，龟背
上坐着一个人，人的头上顶着
一根灯杆，富有浪漫色彩。水
城黄土坡出土的龙首铜釜，将
釜柄铸成一个龙头，是龙文化
的象征。交乐还出土了一件提

兴义万屯出土的东汉铜车马

梁带盖铜壶，长束颈，鼓形腰，足为喇叭形，腰上有一对兽面衔环铺首，
首上套着一根"8"字形的链条做提梁。

　　货币已在牂牁流通，汉墓中常见的有五铢钱，大帛五十、大布黄
千等。交乐出土了一只五铢钱铜碗，碗底正中铸有五铢钱纹。赫章可
乐东汉墓中出土的摇钱树残片，叶片多为圆形方孔钱，钱的边缘有人
物、车马图案，人物有的回首顾盼，有的持兵器械斗，有的吹笙、跳舞。
松桃木树出土的一铢钱纹虎钮錞于，形如碓头而中空，中部铸虎钮，

交乐出土的带盖提梁铜壶

松桃木树出土的西汉虎钮錞于

交乐出土的摇钱树

虎头硕大，张牙咧嘴，栩栩如生，而唇面和镡身上多有一铢钱纹。最令人叫奇的是交乐出土的"摇钱树"，树干插在木质的座上，树干、树枝、树梢上布满铜钱，仔细观察，主枝一端有一条张牙舞爪的龙，龙首上翘，龙身上立着一个淑女，淑女的衣袖被小鸟衔着，而小鸟的翅膀又被一个狗头人身的怪兽抓住，真是神奇得很。这一切，意味着人们的商品意识在增长，因为追求财富，所以异想天开地想象出那株神奇的摇钱树，钱从树上不断生长出来，取之不尽，用之不绝。

　　戍边的屯军都按军事编制，将军领五"部"，部之下为"曲"，曲下为"屯"，以屯长领屯军，称为"部曲"。久而久之，部曲演变为将军的私家兵丁，成为依附军官的农奴。移入牂牁的汉族大姓，凭着他们的经济实力和政治特权，不断扩张势力，仿照"部曲"制度，将依附的人变为家丁奴仆，接纳成他们保护的"荫蔽户"，控制一些部落而成"渠帅"。军官、大姓与当地土酋结合，形成一股地方势力，是为"牂牁大姓"。西汉末年，公孙述割据巴蜀，牂牁大姓龙、傅、董、尹及功曹谢暹，不愿归附公孙述，而派使者绕道番禺江，千里迢迢地朝奉东汉政权，受到光武帝嘉奖。这件事表明，大姓在牂牁郡已有举足轻重的作用，因本是汉族移民，在意识上仍忠于汉朝。

　　牂牁大姓中涌现出一些人物，如平夷傅宝历任尚书郎、长安令、巴郡太守，夜郎尹贡号"南州人士"，而毋敛的尹珍则是走向中原第一人。尹珍，字道真，在东汉明帝、章帝时，因仰慕中原文化，不远万里到中原求学，从著《说文解字》的大家许慎学五经，又从名重一时的应奉学图纬，学成后回乡教授，"首开南疆之学"。尹珍之前，牂牁尚未建学，他能跟从名师大家做学问，想必是有家学渊源，这是因为大姓都来自文化兴旺的"三蜀"地区。贵州人对尹珍十分崇敬，崇尚他热爱文化、热心办学的精神，建尹道真祠，供奉不绝，还以他的名字命名"道真县"。

汉儒尹道真先生塑像

● 汉人也称"蛮" ●

汉族最鲜明的特征，就是对文化的认同。对那些语言、服饰、习俗、礼仪不同的人群，往往称之为"蛮"或"夷"，譬如"东夷"、"西戎"、"南蛮"、"北狄"之类。汉代进入夜郎地区的汉人，在夜郎的故土上安家落户，传子荫孙，与当地土著民族错杂而居，朝夕相处。"居夏而夏，居楚而楚，居越而越"，这些人脱离了汉族的大环境，在"夷多汉少"的情况下，渐渐"变服易俗"，语音变了，衣着变了，风俗习惯也改变了。几百年过去了，内地的汉人见了这些被"夷化"的汉人，互不相认，真是"大水冲了龙王庙，一家人认不得一家人"，于是内地汉人也把他们称之为"蛮"。唐代的"东谢蛮"、"西谢蛮"、"南谢蛮"、"西赵蛮"大概就是如此。

唐贞观三年（629年），"东谢"首领谢元深入朝，头戴一顶"乌熊皮帽"，身上披一张兽皮，额头上的勒子用金银装饰，脚上的鞋子仿佛是用皮与藤条做的。朝官们看了，感到惊诧莫名，中书侍郎颜师古建议把他们的装束、笑貌描绘下来，编入《王会图》中。这不足为怪，他们既不同汉人，在其他民族中也找不到。《太平寰宇记》对黔中道（今

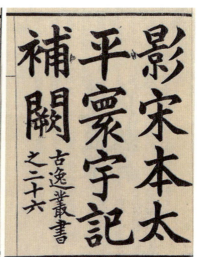

《太平寰宇记》

重庆市和贵州省境）的民族作了记录，当时的民族有"牂牁"、"昆明"、"柯蛮"、"桂州"、"提光蛮"、"葛僚"、"没夷"、"巴"、"尚抽"、"勃僻"、"新柯"、"俚人"、"莫徭"、"白虎"等等，但实际生活中与这些"蛮"都对不上号，朝廷只好以统治这些部落的大姓命名，并以方位加以区分，这便有了"东谢蛮"、"南谢蛮"、"西谢蛮"、"西赵蛮"等族属不明的称谓。

谢、赵二氏从何而来呢？古代少数民族多是"有名无姓"，例如夜郎侯多同、夜郎王兴、句町王禹、漏卧侯俞，又譬如彝族先民用的是"父子连名"表明世系，慕济济、济济火、火阿烘……一代代往下传。汉族是使用姓氏的，如牂牁大姓龙、傅、董、尹。谢氏起初并不显赫，但"谢买"之印表明在汉代移民中已有谢氏。西汉末年，谢氏登上政治舞台，谢暹做了牂牁郡的"功曹"，掌管记功司过的事，而且与龙、傅、董、尹等大姓一起维护汉朝在牂牁的统治，受到光武帝的嘉奖。东晋时，

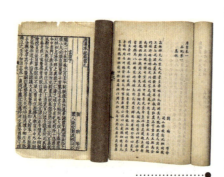

《旧唐书》

《新唐书》

李寿在成都建立"成汉"政权，牂牁谢恕不愿受"成汉"管辖，仍朝贡于晋，被封为中郎将、宁州刺史、冠军将军。魏晋南北朝时期，谢氏成为牂牁豪族，控制不少地方。唐武德三年（620年），牂牁谢龙羽首先纳土内附，以其地设牂州，谢龙羽为刺史，封"夜郎公"。唐贞观三年（629年），东谢首领谢元深入朝，以其地置庄州，以其首领谢强为刺史。矩州也是谢氏的势力范围，唐龙朔三年（663年），矩州刺史谢法成招抚比楼等七千户内附。看来，今黔中、黔南地区都是谢氏地盘。

谢氏凭着他们在政治、经济和军事上的实力，控制了若干部落，成为他们的首领，世为酋长，而风俗习惯、衣冠、礼仪却与土著民族

趋同，渐渐被同化了，新、旧《唐书》记载，东谢蛮"南接守宫僚，西接夷子，北接白蛮"，与周边民族显然不同，而风俗、物产却与"西谢"、"南谢"相同。他们散居山谷之间，住在依树积木的"层巢"里，这"层巢"就是"干栏"式建筑。"土宜五谷"，人们垦山为田，但不用牛耕，因耕作粗放，不得不经常更换土地。社会风貌与中原迥然不同，自耕自食，不交纳赋税，人们怡然自得，宴聚时击铜鼓，吹大角，歌舞以为乐。按"习惯法"实行风俗统治，有功劳的人赏以牛马、铜鼓，对犯罪的人，轻则杖打，重则杀之，偷盗别人的东西必须加倍偿还。无论男女都挽发于头顶，以带束之，后垂于下。男子都穿衫袄、大口裤，衣服是用绵绸或麻布做成，右肩上斜束一条皮带，带上以螺壳作装饰，披一张虎豹或犬羊之皮。但这里的等级界限分明，"谒见贵人，皆执鞭而拜"。谢氏一族不与平民通婚，"自云高姓不可下嫁"。从这里我们得到一个重要信息，谢氏与部落的人并非同族。他们高居于部落之上，但风俗习惯一如当地人，是"夷化"了的汉人，故以"蛮"相称。

赵氏也是如此，他们本是汉代移入牂牁的汉人，汉墓出土的那颗"赵千万"的印章，表明了他们的身份，标榜赵氏家族的富有。到了唐代，赵氏与谢氏并驾齐驱，颇有势力。西赵蛮"在东谢之南，其界东至夷子，西至昆明（族名）"，有别于"夷子"、"昆明"，而"风俗物产与东谢同"。地域辽阔，"莫知道里"，有户万余，赵氏世为酋长。唐贞观三年（629年）赵氏遣使入朝，朝廷以其地置明州，以西赵首领赵磨为刺史。赵氏在唐与南诏的角逐中强大起来，先是充州大酋长赵君道、赵主俗入朝授官，其裔赵国珍在天宝年间领兵助唐，屡败南诏，守护五溪十余年，以战功及方略授黔中都督，成为统管黔中的最高官，后来还升任工部尚书。赵氏虽为黔中大姓，是汉代迁牂牁的汉族，但其习俗同于诸谢，仍然被称为"蛮"。

唐代在黔中的大姓还有宋氏，他们据有清州和蛮州，大概在今清镇、开阳一带。因为清、蛮二州"户口殷实，人力强大，邻侧诸蕃悉皆敬惮"，受到朝廷重视，蛮州刺史宋鼎身兼西南蕃大酋长、正议大夫、检校蛮州长史，继袭蛮州刺史，还封为"资阳郡开国公"，赐以紫金鱼袋。这宋氏明明白白是汉族，但他们并不是来自巴蜀，而是经过一段国破家亡、流放南荒的苦难历程，历尽千辛万苦，从中原辗转来到黔中。清田雯《黔书》上说："宋家盖中国之裔，春秋时，宋为楚子所蚕食，俘其人民放之南徼，遂流为夷，即宋宣慰之祖也。"大概是在魏晋南北朝时期，流亡到荆楚的宋人渐渐在黔中一带集结，形成一股地方势力，"自推豪族为守令，而谢氏、宋氏兴焉"。五代时，清州刺史宋朝化率牂牁等八郡使者朝贡后唐，"宋朝化衣冠如中国"。北宋时又迁来一支，始祖宋景阳为河北"真定盛族"，以战功授宁远军节度使、大万谷落总管府总管，占据鸭池河以东的贵阳、开阳等地，开创"水东宋氏"的基业。传16代至宋钦（宋蒙古歹），任顺元路军民安抚司安抚使，领有贵竹、水东等10个长官司，成为贵州四大土司之一。洪武五年（1372年），明太祖朱元璋令将水西安氏、水东宋氏两土司合为贵州宣慰司，设署于今贵阳，称宣慰司城。

水东宋氏亲领"洪边十二马头"（今开阳及乌当），所领贵竹、水东等10个长官司列于宣慰司内侧，宋氏一族掌握"七司八印"，喇平、密纳、新添、乐平、大小平伐、麻哈、草塘等司的长官均为宋氏，今贵阳、开阳、龙里、贵定及麻江、瓮安等地都在宋氏的掌控之中，其子孙及归附之民皆称"宋家"。因"久居边徼而衣冠俗尚少同华人"，

曾是水东宋氏直辖地的马头寨

与明清移入的汉族颇有不同，于是把他们称为"宋家苗"。其实他们是真正的"老汉人"，保持许多古风。宋家"颇通汉语，识文字，勤于耕织"，"知礼畏法，近多读书"。他们遵循古礼，"男女有别，授受不亲，其于亲长知孝友"，"男子帽而长衿，女子笄而短衿"。婚俗古老，嫁女必由男家来迎，而女家率亲戚以棒槌打，称为"夺亲"。新娘到家三日，早晚必侍奉姑舅盥洗。人死，亲属素食、饮水二十一日，然后宰牲祭祀，食肉饮酒如常。宋氏土司读书习礼，宣慰使宋斌、宋昂、宋昱皆为诗人，宋昂、宋昱兄弟集诗为《联芳类稿》，乌当云锦庄的"宋氏别业"为贵阳文士会聚的地方。

　　蔡家也是"中国之裔"，相传为春秋时蔡国人，后来被楚国流放到南方，流放黔中后命运与宋家有天渊之别。他们是一个弱势群体，散居今贵阳、大方、威宁、安顺等地，是彝族土司治下之民，习俗近于彝族，而彝族并不承认他们是同族，称之为"写果"或"阿乌纳"，而汉族则称他们为"蔡家苗"。受彝族的影响，蔡家勤于耕织，"以牧羊为生，每岁两取其毛为毡"，故有"擀毡蔡家"之称。服饰与彝人相似，"男子制毡为衣，妇人以毡为髻，饰以青布，若牛角，高尺许，用长簪绾之，短衣长裙"。仲春及秋夜，男女唱歌为欢，定情后以牛酒为聘，养龙司蔡家"无异苗人，男女吹木叶而索偶"。迎亲时女家率亲戚以棒槌击男方，说是"不打不亲热"，名为"打亲"。人死宰牲聚亲属，吹笙跳舞，名为"打嘎"。人死不哭，绕尸而歌，谓之"唱斋"。居丧三月，不食米肉，唯食稗粥。丈夫死后，以其妻殉葬，女家极力抢救，得救后可以免死。父子分居，翁媳不得对话，敬伯叔及舅如父母。

　　说到土司，人们都以为一定是少数民族。其实不然，水东宋氏是来自中原的汉人，播州杨氏、罗氏等是从山西太原来的汉人。这种情况，在贵州历史上屡见不鲜。被梁启超称为"天下府志第一"的清道光《遵义府志》写道："杨端者，其先太原人。"这

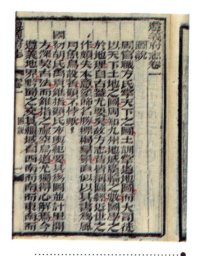

清道光《遵义府志》书页

种说法是否可靠呢？请看《元史·杨赛因不花传》："其先，太原人。唐季，南诏陷播州，有杨端者，以应募起，竟复播州，遂使领之。五代以来，世袭其职。"《明史·土司传》记述了播州杨氏土司的由来："乾符初，南诏陷播，太原杨端应募复其城，为播人所怀服，历五代，子孙世有其地。宋大观中，杨文贵纳土，置遵义军。元世祖授杨邦宪宣慰使，赐其子汉英名赛因不花，封播国公。洪武四年平蜀，遣使谕之。五年，播州宣慰使杨铿、同知罗琛、总管何婴、蛮夷总管郑瑚等，相率来归，贡方物，纳元所授金牌、银印、铜章，诏赐铿衣币，仍置播州宣慰使司，铿、琛皆仍旧职。"

播州宣慰司是西南著名的土司，谚曰："两广岑、黄，思播田、杨"，说的是广西的土司以岑氏、黄氏最大，而贵州的田氏土司（思州、思南二宣慰司）与时属四川的杨氏土司并驾齐驱。杨氏世有播州八百余年，辖有草塘、黄平二安抚司及真州、播州、余庆、白泥、容山、重安六个长官司。明万历二十九年（1601 年）朝廷平杨应龙后，将播州宣慰司革除，以其地改设遵义、平越二军民府，包括今遵义市及乌江以南的福泉、黄平、瓮安、余庆、凯里等地。播州杨氏有许多故事，略举一二以见历史之沧桑。

《遵义府志》记有杨端入播州的故事。据说，杨端的祖先是太原人，后来杨氏在浙江会稽（今杭州）做官，成了当地望族，转迁到京师（即长安，今西安）。唐天宝年间，南诏兴起，不但占据云南，而且两次攻入安南（今越南）和邕州（今广西南宁），四次进犯四川，于唐大中十三年（859 年）攻陷播州，唐朝不能抵抗，便下诏招募骁勇领兵抗击南诏。杨端梦见神对他说："这是你成就功名的好机会，应当前往播州。"他与舅父谢军商议后进京揭榜，于唐乾符初年（874 年）领谢、令狐、成、赵、犹、娄、梁、韦八姓兵前往播州。兵至四川，被南诏的探子知道了，只好改变进军路线，改走泸州、合江到白绵堡（今遵义），在高遥山据险立寨，并与当地土豪犹、蒋、黄氏联合，准备长期驻守。南诏派兵来攻，杨端出奇兵大败南诏，从此驻守播州，他的子孙及随之而来的八大姓，以军分驻各地，得到当地百姓拥护，这便开创了播州杨氏土司的基业。

杨氏在播州建孔庙、兴儒学，尊佛崇道，传播汉文化，在遵义的狮子山、桃溪寺、深溪皇坟嘴、高坪及桐梓夜郎坝、元田坝、周市等

地留下许多的宋墓，见证了
这段历史。最著名的是皇坟
嘴的杨粲墓，它是西南地区
已发掘的规模最大的一座宋
墓，为全国重点文物保护单
位。杨粲墓建于宋淳祐年间
（1241~1252 年），它是一
座石砌仿木结构的双合墓，
按"左青龙，右白虎，前朱
雀，后玄武"的方位修建，
男女两个墓室并列，中间有
通道相通，面积约 50 平方
米。男女墓前后各有一座墓
门，门两侧有武士浮雕，门
外两端有翼墙，中有两扇仿
木构门扉。长方形的前室是
一条过道，后室墓顶被一条
横梁分为前后两间，前间有
小拱券，后间正中为藻井，
墓壁上有龛，龛门浮雕为仿
木构建筑形式，内有石雕的
人物、动物和花草图案。棺
床由 5 块厚石板拼成，四角
垫有圆雕的龙头，两侧有交
股的龙身和龙尾。门扉和龛
为仿木构建筑，有柱、枋、
斗、阑额、雀替、屋顶，与
宋代《营造法式》完全相符，
是中原式建筑的典型样式。
但墓的形制，与中原、江南
不同，与四川的石室宋墓风
格一致。

杨粲墓

杨粲墓内部

杨粲墓出土的杨粲塑像

杨粲墓武士石刻

童女启门全景

"敬纳人"石雕

令人叫绝的是杨粲墓的石雕,使用高浮雕、低浮雕、圆雕及低浮雕加线刻等技法,造型多样、生动,雕刻精致,有很高的艺术价值。石刻武士,头戴铁盔,身穿战袍,双手握着一把战斧,威风凛凛,肃然挺立。女室中有两幅"童女启门"石刻,塑造了两个半裸侍女,侧立于半开半掩的门边,文静、腼腆,仿佛在恭候主人,含蓄而恰如其分地表现主仆关系,可谓是别具匠心。两幅"野鹿衔芝"图,用低浮雕刻成,一只温驯的野鹿,衔着一朵灵芝奔跑跳跃,富有生活气息。墓中有一根"虎柱"石雕,头似老虎,身子和尾巴缠在石柱上,好似一条龙。最能传神的是"敬纳人"石雕,刻画出一个体魄健强的力士,赤膊跣足,粗壮的双手高举起一盘珠宝,俯首平视,向主人敬纳。墓碑、墓志铭已经残缺,但"嗣孙武功大夫右卫将军知播州"的字样清晰可睹,符咒依稀可见。

杨粲墓中出土了两面铜鼓,男室中的铜鼓为黄铜铸造,重12.25千克,鼓面出沿,胴部微凸,有带状扁耳一对,腰下棱线突起,足部外撇,音响效果良好。鼓面中心为光体,有十二芒、十一晕,饰以同心圆纹及复线人字纹、游旗纹、叶片纹、三角纹。鼓壁内外夹垫着铜钱碎片，为宋哲宗时所铸的"元祐通宝"。女室的铜鼓型制相同，重7.75千克。这两面铜鼓造型凝重，体高身长，胴、腰、足部有明显分界线，被定为我国铜鼓发展史上的八大标准器之一，命名为"遵义型"铜鼓。铜鼓在杨粲墓中的出现，表明汉文化与少数民族文化的交融。

杨粲墓出土的铜鼓

　　杨粲是杨端的十三世孙，袭播州安抚使，支持南宋抗金，"贡马三百，黄金巨万"，自请率师北伐。蒙古在大漠兴起后，成吉思汗灭了金和西夏，开始进攻南宋。窝阔台为汗时，三路进攻南宋，其中一路入四川，全蜀五十四州均为蒙古军攻破，唯夔州路及泸、果、合等州尚存，播州处于战争边缘。宋淳祐二年（1242年），余玠任四川安抚制置使兼重庆知府，主持全川防务，播州安抚使杨文条陈《保蜀三策》，余玠采

杨家土司墓出土的九凤三龙嵌宝石金凤冠

纳其中策，并按播州人冉琎、冉璞兄弟的具体布置，以合州（今重庆合川）为中心，沿江筑山城二十余座，据险阻挡蒙古骑兵，蒙哥战死于合川钓鱼城下，此城至今犹存。"杨家军"在抗击蒙古军中立下赫赫战功，淳祐八年（1248年），杨文"步骑三千，由碉门出雪外（今雅安）"，在马鞍山三战三捷，阻止了蒙古军过大渡河。淳祐十年（1250年），杨文选精锐五千解嘉定（今乐山）之围。宝祐三年（1255年），蒙古军渡金沙江攻宣化（今宜宾北），四川宣抚使兼京湖制置使李曾伯急调播州兵增援，杨文派其弟提步骑五千前往，出奇制胜，九战九捷。宋朝以银万两，"使思、播结罗鬼（即罗施鬼国）为援"，在川黔湘

边境建立一道防御蒙古军的防线。

汉代进入牂牁郡的20多万汉族移民，并不因汉朝灭亡而离去，他们长期生活在当地民族之中，日渐同化，被称为"蛮"，以"东谢蛮"、"西谢蛮"、"南谢蛮"、"西赵蛮"为其代表。汉以后移来的宋家，唐宋时据有清、蛮二州，进而成为"水东宋氏"土司，保持较多汉族特征，但也发生某些变异，被称为"宋家苗"。蔡家散居在彝族土司地区，衣冠、习俗接近彝族，被称为"蔡家苗"。播州杨氏及八大姓，唐末始迁入，而且有军事力量，成为贵州四大土司之一，历八百年而人丁兴旺，其治下之民称为"杨保"；汉文化保持较多，为"黔北文化"之源。

● 百万移民进云贵 ●

元末成千上万不堪忍受压迫的农民，揭竿而起，披着红色头巾，在一片愤怒声中，推翻了元朝的统治。曾几何时，金戈铁马、不可一世的蒙古军，退回了大漠。红巾军领袖朱元璋在金陵（南京）称帝，国号"大明"，年号"洪武"，是为明太祖。新建立的明朝，实际上只有半壁江山，长城外是蒙古的兀良哈、鞑靼、瓦剌三部，关东是建州女真、海西女真和野人女真，天山南北是蒙古人建立的察合台汗国。长城以内的地方，中原、关中、江南、江西、湖广、四川早已开发，人烟稠密，而西南的云贵高原此时还是地广人稀。开发云贵，移民实边，历史性地提上日程。

别看朱元璋早年在皇觉寺当过小和尚，登上皇帝宝座后却是个雄才大略的君主。在全国形势稳定后，首先谋图云南。云南远在遐荒，唐为南诏，宋为大理，明初为元朝所封的梁王匝剌瓦尔密盘踞，朱元璋几次派人招降，梁王自恃地险路遥，不肯归顺。洪武十四年（1381年），朱元璋派征南将军颍川侯傅友德、左副将军永昌侯蓝玉、右副将军西平侯沐英，率领30万大军远征云南。大军自江南出发，经江西、湖广，取道镇远、贵州（今贵阳）、普定（今安顺）、普安（今盘县），直取云南。偏师由四川经毕节、乌撒（今威宁）入滇，堵住云南出口。两路大军在云南曲靖会师，逼梁王决战。曲靖一战，梁王全军覆没，数月明军即将云南平定，真可谓"运筹帷幄，决胜于千里之外"。

普安卫城墙北门及城楼

① 城楼西面

② 城墙西段

③ 西角楼遗址

①

③

②

普安卫城垣

云南平定后，朱元璋最感忧虑的是，大军一回，云南又成孤悬。于是沿驿道遍立卫所，令驻军就地屯种，"军食自赡"，大兴"军屯"。"移民就宽乡"是明朝的一大举措，将"狭乡"（人多地少之区）的人口移往"宽乡"（地广人稀之区），一则可缓解内地人多地少的矛盾，再则可以开发边疆。又兴起了"民屯"，在驻军缺粮的地方实行"开中"，令盐商运粮至边地换取"盐引"（购盐的凭证），然后贩盐谋利，盐商就近招民屯种，称为"商屯"。贵州"不患无地，而患无人"，是移民的重点区域。据明

贵州建省

贵州建省之前，基本上是土司统治地区。思州宣慰司和思南宣慰司属湖广，播州宣慰司、贵州宣慰司及乌撒军民府、都匀安抚司、金筑安抚司属四川，普定军民府、普安军民府及安顺、镇宁、永宁三州属云南，另外还有100多个长官司及蛮夷长官司。

明初数十年间，随着中央政治权力的渗透和社会经济的发展变化，土司统治的经济基础逐渐动摇，而卫所又星罗棋布地插入土司地区，与之犬牙交错，进行严密的军事控制，这便为"改土归流"创造了先决条件，也为建省创造了条件。

明永乐十一年（1413年），明朝廷于贵州设布政使司，成为全国的第十三个行省。全省当时仅有思州、思南、铜仁、乌罗、镇远、石阡、黎平、新代八府并贵州宣慰使司及安顺、镇宁、永宁三州。

万历《贵州通志》记载，全省军民共 148 000 多户，510 000 人，其中，军户 72 200 多户，261 800 多人；民户 66 600 多户，250 000 人。移入云南的大约 600 000 人，云贵移民超过百万。

　　"屯军"是按军队编制的集团性移民，一律编入卫所。"卫"大致相当于师一级建制，一般辖前、后、左、右、中 5 个千户所，一个千户所辖 10 个百户所，额定 5 600 人。卫所官兵，终生为军，世代承袭，不能脱离军籍，逃亡者必须"勾捕"回军。为使官兵安心戍边，必须携带眷属，全家男女老少一同起解，未婚者由官府予以婚配。军人及其家属，统称"军户"，"所"管的不止是一千或一百兵丁，而是一千或一百军户，故称为千户所、百户所。军士平时务农，战时为兵，亦兵亦农，实际上是穿军装的农民。屯田以百户所为基本单位，驻军之地设"堡"，屯种之地为"屯"，合称"屯堡"。贵州设有 24 个卫和 2 个直隶千户所，共有屯堡 1 200 多个，星罗棋布，千屯遍列于原野。

　　众多的屯堡，随着时间的流逝，大都消失，但在地名上却流下深刻的印记。人们只知安顺、平坝一带有许多屯堡，却不知繁华的贵阳市昔日的屯堡比安顺、平坝更为密集。贵州卫设在贵阳城西南的卫坡（今都市路西段），贵州前卫设在大西门，两卫共有百余个屯堡。要寻找当年的屯堡，须知屯堡命名方法。以地名堡的比较明显，如龙洞堡、青岩堡、花仡佬堡（花溪）、洛湾堡、老雅关堡（即大关）、尖山堡（又称尖山屯）等。以"官"字命名的堡最多，诸如程官、沈官、曹官、郝官、窦官、陈官、朱官、李官、彭官、孙官、汪官、马官、周官、盛官、傅官、石官、孟官之类。它们都是以百户官姓氏命名，后人有所不知，将"官"改成了"关"，如孟官变成孟关。有的屯堡，干脆以开屯百户官的名字命名，如袁方堡、秦棋堡、刘士连堡、胡朝堡（今湖潮）、杨眉堡、朱昌堡、陈亮堡。以当地出产物或特征命名的也不少，如斑竹园堡、李子园堡、杨梅堡、大酸汤堡、小酸汤堡、上卖糕堡、下卖糕堡等。明代清镇设有威清卫和镇西卫，建县时取威清卫的"清"字和镇西卫的"镇"字，命名为清镇县。这里堡屯的命名有所不同，以千户所名称加以屯堡的番号，如中千户所第八屯称"中八"（今中八农场），"后五"即后千户所第五屯，"左二"即左千户所第二屯，"右三"即右千户所第三屯，如此等等。其他各地屯堡的命名，大体与此相类似。

　　这些屯军，大都是跟随朱元璋在安徽、江苏、浙江、江西一带起义的"红巾军"，有些是在战争中被收编的"归顺者"，还有些是发配到贵州"充军"的罪犯。几年前，南京电视台来平坝天龙镇拍纪录片，拍摄江南移民到贵州的"屯堡人"，还寻找南京巨富沈万三的后裔。据说，沈万三是个很有名的富商，明初捐资修建南京城门，后来得罪了朱元璋，朱元璋将沈家发配到贵州，贵州的沈家多半是沈万三的子孙。不难想象，那些由江南、江西迁到云贵的人，离开了水乡泽国，来到人烟稀少、一片荒凉的远方，真不知有多少艰难、多少辛酸、多少眼泪，可惜目前还没有人把这么悲壮的故事拍成电影、电视剧。

　　"军户"在往后的岁月中，渐渐融入其他汉族移民，有的还与少数民族通婚。唯独安顺一带的屯军，后来演变为"屯堡人"，这简直是天大的奇迹。卫所、屯田并非贵州特有，明代建卫300多个，遍及全国各地，许多大城市都设过卫所，如北京的上直卫、南北京卫，南京的留守卫、虎贲卫、龙骧卫、飞熊卫、水军卫等，天津有天津卫、广州有广州卫、武昌有武昌卫、成都有成都卫，昆明有云南左、右、中、后等卫，但都消失得无影无踪。贵州二十四卫、千余屯堡，大都不存，为何独有安顺一带屯军的后裔演变为"屯堡人"，还保存着古老的文化习俗？说是集团性移民文化易于传承吧，那么，如此众多的屯军和屯堡文化为什么没有保留下来呢？有人用"封闭"来作解释，可是，安顺一带，自元以来就处在西南大道上，是"滇之喉，黔之腹"的地方。百思不得其解，奥秘至今没有揭开，可谓是"千古之秘"。

　　初见到"屯堡人"时，还以为他们是少数民族，而他们却自称"老汉人"。最使人感到奇特的是妇女的装束打扮。她们的长发挽在头顶，梳成三绺，插着长簪，称为"三绺头"，据说这是安徽凤阳一带农家妇女的打扮，名为"凤阳头"，人们便称之为"凤头鸡"。女子出嫁时，要修眉毛，剃前额，绞去脸上的汗毛，佩戴各种银饰。青年妇女额头上都扎一条白色布带，到了老年便改成大襟长袍，衣长至脚踝，袖口宽大，衣襟和袖口都镶花边。系着一块大围腰，腰带特别讲究，上有花纹。最奇特的是她们的那双脚，腿上缠着绑腿，穿的是尖头平底布鞋，有的绣花。这大概是因为她们是劳动妇女，始终保持着大脚板，即使在缠足的风气下，她们也没有缠成小脚。

　　"屯堡人"穿的是明代服装吗？带着这个问题去查看《明史·舆

屯堡人的服装

屯堡妇女的鞋

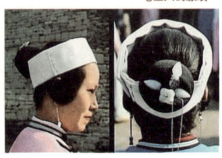

屯堡妇女头饰

服志》，结果并不相符。明代的等级分明，皇帝、皇亲国戚及朝服姑且不论，这里只谈军士、庶民衣服。卫所军士穿的是红裰袄，长齐膝，窄袖，内实棉花，骑士穿对襟衣，便于骑马。庶人初戴四带巾，穿杂色盘领衣，男女衣服用绸绢、素纱，不得用金绣、锦绮、绫罗，更不许用黄色，首饰只能用银饰，庶人帽不得用顶，农夫衣用绸、纱、绢布，戴斗笠、蒲笠，衣襟长过手，去地五寸，袖长过手六寸，袖椿宽一尺，袖口五寸。民妇穿浅色围衫，礼服用紫绉，衣带用蓝绢布，系围裙。未嫁之女，作三小髻，戴首饰，穿窄袖褙子。看来，"屯堡人"的服饰，可能是元代江南一带农村妇女的服饰。

　　屯堡人说的话，连当地其他汉人都觉得有点奇怪，语言学上称之为"方言岛"。屯堡人多是聚族而居，以某一大姓为主而间杂其他姓氏，所以这一带以姓氏命名的屯堡不少，如吴官堡、蔡官屯、高官屯、夏官屯、小张官屯、张家庄、郑家屯、鲍家屯等。据说，加"官"字的是军屯，其余为民屯。屯堡人多在内部通婚，这与他们的文化习俗、家族来历、心理状态有关，因为通婚范围有限，往往是世代通婚。《金氏家谱》说，金、梁两姓，"其先自江南同时来黔，亦世代姻娅"。他们"且耕且战"，以务农为本，男耕女织，精耕细作，安顺白菜、韭黄、慈姑、山药出名恐怕与此有关，鲍家屯的"鲍拳"流传至今，说明他们经常习武。"屯堡人"

清咸丰《安顺府志》

很会做生意，《安顺府志》说："卫人勤于耕作贸易，不事奢侈。"因为来自江南文化发达区，"人知读书科贡"、"耕读为业"、"诗礼传家"蔚然成风。查明代方志，平坝卫建有卫学及4所社学，举人有卫兰、金荣、赵伦等7人；普定卫"诗书礼乐不减中州"，有卫学和社学，出了赵侃、汪大章、梅月、梅和四进士，举人多达90余人。

屯堡古风犹存，来到这里，时光仿佛倒流几百年，回到早已逝去的明代，走进屯堡人家，堂屋正中是"天地君亲师"位，人们以儒家"孝悌忠信礼义廉耻"为行为准则，敬畏天地，尊师重道，孝顺父母，家庭和睦，邻里相亲。人多信佛，特别敬重"救苦救难的观世音菩萨"，每年三月、六月、九月都有盛大的观音会，妇女们手持佛珠，唱起悠扬动听的佛歌。屯堡多建佛寺，著名的如天台山的伍龙寺，云山屯的云鹫寺。寺庙供奉神祇，往往佛道混杂，除观世音、地藏菩萨而外，还有玉皇大帝、关圣、五显、汪公，乃至牛王、马王。庆五显是屯堡一大盛事，设坛供奉"五显光华"，配祀药王、土主，有大放兵、扎火墩等仪式。迎汪公热闹非凡，汪公是隋唐时期徽州人汪华，屯堡人视他为保护

明嘉靖《思南府志》

神，每年农历七月十七日前后，将汪公从神坛上请下来，用神轿抬着走街串巷，经过的各家各户，都要燃香点烛，供祭品，放鞭炮。每年的正月和七月，"屯堡人"都要演地戏、跳花灯。地戏多是武戏，演员戴着面具演绎古代英雄故事，富有神秘感。花灯是民间广泛流行的演唱形式，演员只有"幺妹"和"堂二"，内容多是风流才子和民间趣事。这是为了娱神娱人，祈求风调雨顺，消灾祈福，人寿年丰，六畜兴旺。

民间所谓的"调北征南"指的是屯戍的军户，而"调北填南"则是指"移民就宽乡"的民户。来贵州的军户和民户大体相当，军户26万，民户25万。民户是由府、州、县招徕的移民，由官府发给种子、耕牛、农具，安置在空闲的土地上耕种，3年内不征赋税，3年后起科，每亩征粮一斗。因贵州荒地多而人烟稀少，内地有大量少地、无地的农民，为了谋生，结伴而来，蜂拥而至。来贵州的多是四川、湖广、江西及中州移民，与军屯多是江南之民不同。嘉靖《思南府志》有这样一段记载："每遇荒年，川民入境内就食。正德六年（1511年）流入境者更多。传闻今年（指嘉靖九年，1530年），流入境者络绎道途，布满村落，已不下数万。"而"弘治以来，蜀中兵荒，流移入境，而土著大姓将空闲山地招佃安插，范姓数家土豪，各拥佃户千户，皆亡命巨盗也"。他们"成群结队，亲戚相招，有来无去"。

那时贵州虽有驿道相通，但山高路险，道路崎岖，翻山越岭，行旅艰难。王世性在《黔记》中写道："晃州（今湖南晃县）至平夷（今云南富源）十八站，每站虽云五六十里，实百里而遥，士夫高旅纵有急，止可一日一站，破站则无宿地矣。辰州以西，轿无大小，官无贵贱，舁者皆以八人。其地步行，山中又多蛇、雾、鱼。"道路在崇山峻岭中蜿蜒盘旋，走于峭壁之上，翻一座山往往要走半天，难怪王阳明有"连峰际天合，飞鸟不通"之叹。当时，由成都水路至重庆三十六驿，重庆至播南（今遵义）九驿，播南至贵州（今贵阳）五驿，共五十驿，须走 50 天，更不要说中原了。何况，这些移民既无车马，又缺盘缠，扶老携幼，千里迢迢，若不是生活所迫，怎会远离家乡来贵州开荒屯田呢？

民屯不像军屯那样有严密的组织，他们不是集团性移民，而是亲戚相邀、邻里相约的自由移民，他们没有固定的屯地，而是散布在广大农村，所以一般不易察觉，往往被人忽略。

军屯和民屯公属两个系统，军屯属卫所，而民屯属府州县。明代的卫所自成区域，政区与府州县严格分开，因此，在卫所区域内的多是军屯，并且都标明某屯某堡。民屯由府州县所管，人口一律编入里甲，称为"民户"，屯田之地为"汉庄"，与"苗寨"明显区别。譬如贵阳附近的贵竹长官司及贵定的平伐司，入明以来移民与日俱增，"皆系流寓子孙"，与土民不同，于万历十四年（1586 年）改设为新贵县，编户十里，1 800 多民户皆为民屯。这与贵州卫和贵州前卫明确分开，清初撤卫并县时，将此二卫屯地改设贵筑县，贵阳的百余屯堡都在县境。镇远卫与府、县同城，而镇远卫、清浪卫（今镇远清溪）所属的永定堡、宁远堡、平阳哨堡、革儿哨堡、硃砂哨堡、靖边哨堡、镇夷哨堡、平蛮哨堡、得胜哨堡皆一一注明，而镇远县的"汉庄"是民屯。"云山八寨"中云山屯、雷屯、吴屯显然是军屯，而本寨、张庄、竹林寨、新寨、小山寨是后来出现的民屯。

贵州的民屯比军屯稍晚，大都是明永乐十一年（1413 年）贵州建省以后迁入。思州、思南、铜仁、镇远、石阡、黎平等府，四川、湖广、江西移民较多。嘉靖《思南府志》记载："至今居民皆流寓者，而陕西、江西为多。陕西皆宣慰氏之羽翼，各司正副长官与里之长是也，多巨族，负地望，颇以富足夸诈相高。江西皆商贾宦游之裔，多读书，乐仕进，亦渐趋于浮薄。婺川有砂坑之利，商贾辐辏，人多殷实。"思南府地未设过卫所，多是民屯，其民"务本力穑"、"唱歌耕种"，而"士尚文学"、"儒教渐兴，人文日盛，登科入仕者彬彬矣"，"汉民尚村，婚娶、礼仪、服饰体制与中州同"。

贵阳府"郡人多自中州迁来，服食器用，节序礼教，一如中州。士秀而文，民勤而务本，崇儒术，重气节。渐渍文明之化，易兵戎为城郭，变刁斗为桑麻"。省城贵阳，"五方杂处，江右、楚南之士

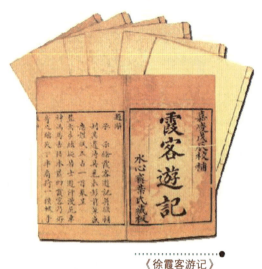

《徐霞客游记》

为多，世家巨族率敦民节，士习彬雅，人户栉比鳞次，承平日久，渐习繁华"。贵阳城中，嘉靖年间有"官民杂役五千九百四十八户，三万七百四十四丁口"。住在城里的人并非屯户，有官有民，所谓"杂役"系指匠户，包括木匠、石匠、泥水匠、铁匠、铜匠、金银匠、织匠、染匠、屠户、裁缝、厨师等百业工匠，世代充役，编为"匠户"。他们起初是在官府及场局服役，有一技之长，后来以纳银代役，自设作坊，招收徒弟，推动城市手工业发展。城中还有许多商贾，城内外设有 14 个坊市，北门外人烟稠密，商贾辐辏，逐渐形成街市，故明末新建外城。

　　人口流动是一种进步现象，改变了"重土少迁"、"老死不出乡里"的凝固、封闭状态。人是社会发展的主体，人口过多固然不利于社会发展，而人口过少则缺乏开发的力量，移民对"不患无地而患无人"的贵州来说，意义非同寻常。明代移民的主体是"屯民"，他们是穿军装和不穿军装的农民，开垦土地，发展农耕，在农业社会具有决定性作用，促成贵州历史上的第一次开发。移民的到来，使大量荒山变成良田，史书记载，卫所屯田 94 万余亩，民田 130 多万亩。移民把中原、江南等地长期积累起来的农耕技术带到贵州，以屯田作示范，推广牛耕，兴修水利，引进新的农作物，饲养家畜家禽，发展种植蔬菜水果的园圃，逐步改变"刀耕火种"的粗放耕作，农业生产在"渐比中州"的高一个层次上发展起来。明末，徐霞客从广西进入贵州，他感到十分惊讶，兴奋地写道："小麦青青荞麦熟，粉花翠浪，从此遂不作粤西芜态。……麦冲东北，有坞南北开洋，其底甚平，犁而为田。"他特别注明："此处已用牛耕，不若六寨以南之用撬矣！"

　　大规模的移民，实际上是以人为载体的"文化大搬迁"，将农耕技术、工艺制造、中原式建筑、生活方式、风俗习惯、佛教道教、儒学教育、文学艺术，整个汉文化体系完整地移植到贵州这块土地上，改变了贵州的文化面貌。贵州文化的兴起，与明代教育有很大关系，办起了卫学、府州县学、宣慰司学、书院、社学、私塾，朝廷还在贵州开科取士，贵州人有机会参加全国的人才选拔，人才联袂而起，"比于中州"。别的不说，唐诗、宋词中没有一个贵州人，而明代有贵州"开省以来人物之冠"的孙应鳌，有以"诗书画三绝"名噪江南的杨龙友，有被誉为"天末才子"的谢

贵阳龙门书院

三秀，有使诗坛对贵州刮目相看的吴中蕃……贵州古建筑的经典之作，不少是明代的，如贵阳的甲秀楼、文昌阁，遵义的海龙囤，安顺的文庙，平坝的天台山伍龙寺，福泉的古城、葛镜桥等等。

● "客民"与会馆 ●

　　清代再次掀起移民大潮，又有大批汉人进入贵州。明代迁入的汉人已成为土著，便把新迁来的人称为"客民"。主也罢，客也罢，无非是表示先来后到。不过后到的"客民"毕竟与先来的"屯民"有所不同，如果说明代的"屯民"是为了"移民实边"，那么清代的"客民"为的是谋求发展。"屯民"是政府主导下的移民，"客民"是自发的自由移民，他们来贵州是受经济利益的驱使，或经商，或做手艺，

《黔南识略》

或务工，或佃种，或购田置土，他们的来源很广，有的来自江浙，有的来自福建、广东，有的来自四川、湖南、湖北，有的来自山西、陕西、河北、山东，使贵州成为"五方杂处"之地。

乾隆年间，贵州巡抚爱必达写了一本《黔南识略》，他写道："当经委员逐细编查，各属买当苗人田土客民共三万一千四百三十七户。佃种苗人田土客民共一万三千一百九十户，贸易、手艺、佣丁客民共二万四千零四十四户。住居城市乡场及隔属买当苗人田土客民一千九百七十三户，并居住城市乡场买当苗民全庄田土客民及佃户共四千四百五十五户。"这些"客民"大体分为三类：第一类是"买当地苗人田土"的，他们大都住在城市或乡场，在乡间购置或典当田土，家财万贯的富翁甚至买断整个村庄，这大概是因为贵州的地价比外地低廉，有钱的人便争着来贵州买地；第二类是"佃种苗人田土"和在城乡"佣工"的人，因为在家乡无田无地，本地又难以为生，便跑到贵州来租地耕种或者打工；第三类是做生意的商人和做手艺的工匠，有开钱庄的、当铺的，有卖绸缎布匹的，有经销油、盐、柴、米的，有开作坊的，也有长途贩运的，这是因为贵州兴起了许多城镇乡场，有市场，有销路，好赚钱，有资本、有手艺的人都想来贵州做一番事业。

《黔南识略》是乾隆十四年（1749 年）成书的，统计数字当然是在此之前，时间是顺治、康熙、雍正三朝及乾隆初年。仅此百年间，来贵州的"客民"就有 68 671 户，以每户 5 人计算，有 343 355 人。"改土归流"以后，原先为土司管辖的地方，土地可以自由买卖、典当，士农工商都可以进入，"客民"与日俱增。据道光年间的《黔南职方纪略》记载，大定府（原为贵州宣慰司及乌撒土府）就有客民 10 048 户，兴义府（原为广西泗城土司及普安土司）有客民 25 632 户，都匀府（今黔南布依族苗族自治州）有客民 11 332 户，仅此三府，就有客民 47 012 户、235 060 人。贵阳城在明代有 3 万多人口，到了清代道光年间，已有 6 万多人。咸丰、同治年间大起义后，土地大量荒芜，人口流散，官府广为招徕，"有能团集百十户筑屯开垦，无论有主无主，均准开垦"，"有能招垦至千户以上者，酌量详情奖叙"，"无论军垦、民垦及客民、土民，但系认垦之田，官给引照，永远承垦纳粮"，在这种优惠政策下，来贵州的客民更多。如此看来，清代进入贵州的"客民"其数不少于明代，只不过是陆陆续续迁来罢了。明、清两代移民，使贵州由"夷多汉少"改为"汉多夷少"。

"客民"多集中在城镇、乡场，即使是在农村购置田土的人也多半住在城里。贵州呈开放势态，各地的人都来到贵州，人口大幅度流动。"客民"都是在"异乡"作"异客"，离乡背井来到贵州，"亲不亲，故乡人"，在外地见着故乡的人格外亲热，于是以"乡土之链"作纽带，彼此关照，互相提携，以同乡关系建立会馆。每个会馆都将本乡本土崇奉的人物神化，作为凝聚力团聚同乡，例如，四川崇拜"川祖"（李冰父子），湖北人崇拜"禹王"（大禹），湖南人崇拜"寿福"，山西、陕西人崇拜"关圣"（关云长），福建人崇拜"天后"（妈祖），江西人崇拜"许真君"（许逊）等等。

会馆是商业活跃的标志，是各地商帮辐射贵州的结点，反映出各地"客民"移动的路线图及各地商帮对贵州经济辐射的行踪。清代商业资本兴起，在全国形成许多商帮，著名的如徽商、晋商、闽商、粤商、吴越商、江西商、两湖商等，他们都有"生意经"，生意越做越大，做到了偏远的贵州。贵州的会馆是各大商帮在贵州建立的，黔商财力单薄，很少在外地建立会馆，北京的贵州会馆主要是贵州籍在京官员会聚和接待贵州赴京会试的举人的场所。徽商势力大，经营范围广，"其货无所不居"，在棉布、丝绸、粮食、食盐等行业占重要地位，致有"遍地徽商"之说，在贵州建江南会馆。晋商以经营钱庄、票号为能事，平遥成了"汇通天下"的金融中心，在贵州多与开当铺的陕西商人结合在一起，建秦晋会馆或山陕会馆。闽商精明能干，敢冒风险，"出疆贸易"，不但到南洋一带经商，而且深入云贵高原，那"天后宫"就是福建会馆。"天下老广是一家"，他们在贵州建立两广会馆。湖南、湖北，有的合建两湖会馆，有的分别建湖北会馆和湖南会馆。四川似乎没有大的商帮，来贵州的多是手艺人、小商贩，但人数多，建有许多川祖庙和川会馆。滇商主要贩运铜、锡等矿产，在交通要道上建立云南会馆。

在贵州，江西会馆最多，分布最广。江西商人的资本不大，但很精明，他们不到北方与徽商、晋商争夺市场，而把触角伸向经济尚不发达的西南地区。江西人崇奉许真君，因宋徽宗崇道，曾为许逊建过"玉隆万寿宫"，江西人引以为自豪，把在各地的江西会馆都称为"万寿宫"。贵州的"万寿宫"不下百所，不但在省城、府州县城及码头建"万寿宫"，而且较大的乡场也有江西人的足迹，主要经营米粮、菜油和瓷器。譬如贵阳府，城内及城郊青岩、虎场堡、北上里，府属龙里、贵定、广顺、定番（今惠水）都有万寿宫，而且不止一所。遵义府有13所，安顺府有8所，黔东及黔东南的思州、思南、铜仁、镇远、石阡、黎平各府共有20余所，清代新开的大定府有11所，兴义府有6所，"苗疆"的古州（今榕江）、台拱（今台江）也有万寿宫。石阡万寿宫规模宏大，建筑精美，现列为全国重点文物保护单位。

镇远为"水陆都会"、"滇黔门户"，经长江、沅江、潕阳河而来的货物在镇远上岸，由云南、贵州外运的土特产在镇远上船，沿河两岸建有卫城大码头、吉祥寺码头、上北门码头、杨柳湾码头、天后宫码头。明代便有客商云集镇远，有沙湾市、辰州市、南京市、江西市、饶州市、普定市等，各地商人在此自成一区。入清以来，商业更盛，滇铜在此集散，黔货由此外运，内地货物也在这里转运分销，于是出现了八大会馆，即秦晋会馆、四川会馆、两湖会馆、广东会馆、福建会馆（天后宫），有两个江西会馆（万寿宫），后来又增加冀鲁豫会馆。

省会贵阳是"万马归槽"之地，又是"五方杂处"的移民城市。明末清初，外地商人纷至沓来，北门外形成广东街、南京街、普定街、西会馆街，城内还有盐行街、珠石巷、轿夫巷、三才巷（劳动力市场），

青岩万寿宫

又有油榨街、铁匠街、铜匠街、皮匠湾等手工作坊街巷，各地商人来贵阳谋求发展，建有 11 个会馆。城内和城外有 4 个万寿宫，青岩万寿宫如今尚存。陕西会馆较早，以此而有西会馆街，现在改成了陕西路。福建商人把生意做到贵阳，建有天后宫。两广商人在贵阳建两广会馆，江苏、安徽商人建江南会馆，浙江商人建浙江会馆，两湖商人起初建三楚会馆、两湖会馆，后来分为湖北会馆和湖南会馆。四川人来贵阳的很多，建有老川会馆和新川会馆。此外，有云南会馆、北方五省会馆及兴义八属会馆。

安顺地当冲要，是"滇之喉，黔之腹"，商业繁盛超过贵阳，建有几个会馆，不但有万寿宫，还有远道而来的天后宫。安顺人善贸易，外出经商，贵阳的普定街和镇远的普定市都与他们有关。遵义丝绸大盛，"秦晋之商，闽粤之贾"来此贩运丝绸，有江西会馆、福建会馆、四川会馆、两湖会馆。由于食盐运销，在黔北形成四大镇，即仁怀茅台、遵义鸭溪、湄潭永新和黔西打鼓新场（今金沙），都有会馆。大凡在水陆码头，如思南、铜仁、黄平旧州、重安江、麻江下司、古州、三合（今三都）、贞丰百层等地都有会馆，古州有广东会馆、广西会馆、江西会馆、福建会馆和四川会馆，重安江有江西、湖南、江南、四川等会馆。兴义有两湖会馆、云南会馆和福建会馆。

会馆既是同乡团聚的地方，又是商帮的议事会所、交易所，还兼有客栈、货栈的职能。同一地区来的人，经常在此共谋商机，互通信息，谋求生存、发展，控制某些行业，与其他地方的商人展开竞争。会馆大多设有戏楼，人们坐在台下饮酒、看戏，开展社交活动，故有"酒戏楼"之称。同乡在会馆聚会，说家乡话，唱家乡戏，吃家乡菜，感到格外亲切，有的还办私塾和客籍学堂，请名人题字、撰写楹联，形成会馆文化，以世俗文化反映商人的心态。镇远万寿宫的牌坊上有"八仙图"，表现了"八仙过海，各显神通"的竞争意识，但暗中加进了他们崇敬的许真君，于是"八仙"变成"九仙"。中堂的楹联写道："舞台小天地，天地大舞台。"人生百态在舞台上表现得淋漓尽致。戏台前的楹联，上联是"不经不典，格外文章圈外句"，下联是"半真半假，水中名月镜中花"，横额是"中和且平"，含蓄诙谐，富有哲理，活化出商人的人生哲理和处世态度。为了团结乡人，会馆多捐资置产，周济贫困，接待新来和过往的同乡，还购置"义园"，死后埋在一起。

"客民"富有开拓、创新精神。苞谷、洋芋、甘薯等旱地作物，原产美洲，哥伦布发现新大陆以后，传到东南亚，进而传到我国东南沿海地区，随着"客民"的到来，先后把这三种作物引进贵州。贵州山地多平地少，旱地多水田少，以往旱地多种高粱、小米、红稗、荞麦等低产作物，山区人民粮食不足。清代苞谷在贵州广为传播，产米不多的地方"有苞谷杂粮等项，足敷民食"，威宁、毕节、普安等山区，"民间赖此者十之七"。苞谷学名玉蜀黍，是"印第安人的粮食"，传入中国之初为皇家食用，谓之"御麦"，后来越传越广，北方叫做"棒子"，南方叫做"苞谷"。苞谷是"旱地之王"，产量高，推广后成为贵州粮食的大宗，对解决贵州粮食问题有很大作用。洋芋即马铃薯，因类似芋头，又是从西洋传来，故称"洋芋"。甘薯传到中国，当时把外国称为"番邦"，于是把它叫做"番薯"，四川人把它叫做"红苕"。这三种作物的引进，改变了粮食的结构，杂粮产量显著提高，促进人口由平地向山区流动，从而扩大耕地面积。

遵义引进山蚕（柞蚕）、桑蚕和楠竹，都在清代乾隆年间，使遵义富庶起来。遵义原先并无蚕桑之利，乾隆年间山东人陈玉壂任遵义知府，见遵义槲树成林，当地人把它用作柴薪，想起故乡家家户户在

赤水竹海

槲树青冈上放养山蚕，于是为遵义找到一条富民之路。他派人到山东收购蚕种，山东与遵义有千里之遥，走一遭要一两个月光景，蚕种运至湖南沅州地界，幼蚕大出，尽皆死去。第二年又派人前往山东，日夜兼程，终于将蚕种运回遵义，但农夫不知饲养，三伏天气又都死去。第三次运回蚕种，又请来蚕师、织师，山蚕累累成茧，缫丝纺织，丝绸从此勃然兴起，"纺织之声相闻，槲林之荫迷道路"，"每当茧成时节，贩运之人十之五五，络绎于道。秦晋之商，闽粤之贾，纷至沓来，捆载而去。遵义丝绸闻名遐迩，竟与吴绫、蜀锦争价中州"，从此"遵义独富于丝"。稍后，正安史目徐阶平，引进桑蚕，"其茧色美质精，不下中州"。也是在乾隆年间，流寓在贵州仁怀厅（今赤水、习水）的福建人黎理泰，回家探亲，打算把母亲接到赤水安度晚年，母亲不愿离开家乡，黎理泰为表达思乡恋母之情，将三根楠竹置于大木桶中，历尽千辛万苦，运回赤水后槽（今胡市）栽种。赤水气候炎热，楠竹生长旺盛，数年间蔓延成林。楠竹粗大，材质优良，竹笋可食，人们纷纷引种。经过几代人的努力，三根竹子竟成竹海。仁怀直隶厅同知陈熙晋有诗赞云："前生莫作竹王看，千尺梢云又一般。记否无诸台上客，八千里外报平安。"

● 远方来了"北方人"和"下江人" ●

也许是一种缘分，几千里外的"北方人"和"下江人"，抗日战争中为了避难，来到贵州。那时所说的"北方人"，大抵是对东北人、

二十四道拐

华北人的一种泛称，不管他们是来自东三省还是山东、山西、河南、河北，只要是北方口音，就把他们叫做"北方人"。"下江人"也是如此，凡是从长江中下游来的人，管他是江苏的、浙江的、安徽的、江西的，一概称为"下江人"。"千里姻缘一线牵"，的确是一种缘分。佛家说："诸缘聚会，名曰和合。"

南京陷落，国民政府迁都重庆，西南成了抗日大后方，贵州成为陪都重庆的屏障。当时，铁路遭到破坏，长江被日本封锁，到西南唯一的通道就是公路。湘黔、川黔、滇黔、黔桂四条省际公路都在贵阳交会，人们从湖南或广西进入西南，到重庆、成都、昆明，都必须经过贵州，贵阳成了西南公路交通的枢纽，西南公路管理局也由长沙迁往贵阳。那时国际援助的物资来自两个方向，一是从越南河内经广西、贵州到重庆，另一条路线就是从缅甸仰光经滇缅公路、滇黔公路、"二十四道拐"、贵阳到重庆，后来修建的"史迪威公路"（印度密支那到云南）也走这条道路。贵阳在西南的地位，有如日内瓦之于欧洲，故有"东方日内瓦"之说。

九一八、九一八，从那个悲惨的时候起，人们就被迫离开可爱的家乡，流亡，流亡。逃难的人，扶老携幼，颠沛流离，哪里安全就到哪里。到了武汉，武汉失守；到了长沙，长沙告急，唯一可以避难的地方就是西南，别无选择。随着国民政府西迁，许多机关、学校、企业都迁往西南。农业部、农林部、水利部的许多部门迁到贵州，甚至珠江水利局、导淮委员会、淮河水利工程局、农业部农田水利工程处都迁到贵州。迁到贵州的学校，有国立浙江大学、国立交通大学唐山工程学院、国立湘雅医学院、国立中正医学院、国立广西大学、上海私立大夏大学，还有几所国立中学和 10 多所军事学校，连中华民国海军学校也迁到桐梓。迁到贵州的企业也不少，有银行、商号、兵工厂及各种工厂。这些机关的公务人员、企业职工和学校的师生，组成一个西迁的庞大队伍，纷纷迁到贵州。更多的是逃难的人，他们没有组织，流离失所，也没有确定的目标，走到哪里算哪里，哪里能安身就到哪里住下来。逃难的人中，有富商也有贫民，有文化人也有流亡的学生，有工人也有农民，

桐梓海军学校旧址

迁到贵州的国立湘雅医学院

无依无靠，盲目流动。过境的难民，据《战时贵州过境难民统计表》的不完全统计，1937~1946 年就有 70 多万人，其中有侨胞 3 万余人。长沙失守后，湖南、广西的难民涌入贵州，仅马场坪救济的难胞就有 4 万多人，经甘粑哨往黔东及黔西各县的约 7 万人，流向贵阳方向的约 3 万人。

贵州设有非常时期难民救济委员会贵州分会、贵州省救济难民委员会、贵州省救济难民事务处、赈济委员会运送配置难民贵阳总站、贵州省难民组训委员会、贵州省紧急救侨委员会、贵州省各界救济归国难侨委员会、入黔难民安置委员会、贵州省救济战区难民临时委员会、贵阳市协济战区文化人委员会、

民国时期的威清门

中国警察与美国士兵在大十字岗亭

中国急救战区儿童联合委员会贵州分会等组织。在独山、都匀、麻江、平越（今福泉）、贵定、龙里、贵阳、遵义、桐梓、金沙、毕节、三穗、剑河、天柱、榕江等处设立难胞服务站，沿途设有招待站、食宿站，救助难民，转运鳏寡孤独，还帮助他们在当地自营谋生，给文化公教人员介绍职业，培训技能，设收容所教养儿童，帮助这些难民渡过难关。贵州人都是各个时期的移民，从不排外，热心帮助难民，许多人便留了下来，大部分住在城镇，以省会贵阳最多，其次是遵义和安顺，公路沿线的城镇，如独山、都匀、马场坪、贵定、龙里、清镇、息烽、桐梓、铜仁、天柱、榕江等都有许多难民留下来。贵阳在1937年只有12.13万人口，1945年猛增至28.45万人。遵义城区，抗战前只有5.79万人，1945年增至8.83万人。其他城镇的人口未见记录，但抗战时期全省人口增加60万左右，包括内迁机关、学校、企业的人员家属和留下来的难民。

贵阳人口剧增，过往人员络绎不绝，促进了商业的繁荣，旅馆多，茶楼酒肆多，服务行业多，街市店铺鳞次栉比，车辆人流熙熙攘攘，热闹非凡，不但有本地人经营的各种商业，还有外地迁来的许多商号，如华康百货店、亨得利钟表店、四福绸布店、福兴荣绸庄，还有上海国货公司，后来改组为贵阳中国国货公

民国中央实验茶场

司。商业股份公司多达数十家，如贵阳交易介绍股份公司、中兴汽车服务股份公司、贵州物产动销分公司、贵阳大孚股份公司、和丰裕实业公司、贵山贸易运输股份有限公司、贵阳联益贸易商行等等。盐业运销特别发达，除官办的盐务机构而外，在贵阳还有中和盐业股份公司、中国新民盐业股份公司、仁记中华盐业股份公司、大业盐号、永合祥盐号、新记盐号、裕记盐号等。

金融十分活跃，中央、中国、农民、交通四大银行和邮政储蓄金汇业局、中央信托局、农本局都在贵州设有分支机构，广东、广西、湖南、昆明四家地方银行也在贵州设立分行，各地迁来的商业银行有15家，如上海商业储蓄银行，中国国货银行，天津的金城银行，湖南的复兴实业银行，四川的美丰银行、聚兴城银行、亚西实业银行、利群银行、大川银行，重庆的大同银行、福钰银行、商业银行、和成银行，云南商业银行、云南益华商业银行、昆明商业银行、云南兴文银行，贵州成立了贵州银行、贵阳市银行和聚康银行，还有太平洋保险公司、中国保险公司，贵阳成为金融中心。

从上海、南京、汉口、长沙、衡阳、桂林等地迁来100多家工厂，带来了大量机器设备、资金和人才，内迁的技术人员约为1.2万人，还有大量技术工人和管理人员，促进了机械、电力、化工、纺织、卷烟、水泥、印刷等行业的发展。经济部资源委员会与贵州省政府合办贵阳电厂和贵州矿物局，开发汞矿、金矿、锑矿，还设立水力发电工程处。最大的企业是贵州企业股份公司，自办梵净山金厂、贵州炼油厂、贵

阳建筑公司、贵州玻璃厂、贵州化学工厂、印刷所、陶瓷厂和贵阳营业处，合办中国机械制造厂、中国煤汽车营运公司、贵州煤矿公司、贵阳电气公司、贵州水泥公司、贵州木业公司、大兴面粉厂、贵州烟草公司、贵州火柴公司、贵州制糖公司、贵州缫丝公司、贵州油脂工业厂、贵州矿产探测团、贵州物产陈列馆，还投资兴办中国内河航运公司、贵阳民生工厂、贵州银行、中国国货公司、西南垦殖公司、贵州水利林牧公司等15个企业，成为贵州最大的股份制企业，这些企业后来成为贵州工业发展的基础。马王庙修车厂是当时全国最大的汽车修配厂，设备由美国进口，有美国及外地工程师和技工，每年大修汽车480辆，还制造多种汽车配件。爱国华侨王振相等开设贵阳中南橡胶厂，公路总局在美国援助下建立贵阳车胎翻修厂，贵州从此有了橡胶工业。卷烟工业也兴于抗日战争时期，贵州烟草公司的前身是汉口迁来的中国青年协记烟厂，金筑、南明、华湘等烟厂也是外地人创办。李葆和创办的中国煤气机械厂于1939年由武汉迁来，在汽油紧缺的时候还研制出木炭汽车，称为"葆和式"、"胜利牌"，为抗战运输作出贡献。特别值得一提的是大定航空发动机制造厂，按美国设计制造出我国第一批飞机发动机，成为中国航空工业的开端，科技人员和技术人员大都是由外地招来。

大批学校迁来，大量外地学生及文化人，促成了贵州战时文化的高涨。贵阳文通书局编委会聚集了全国自然科学、人文科学的精英，如著名科学家竺可桢、苏步青、茅以升、皮作琼、李书田、乐森璕，医学家张孝骞、李宗恩、朱章赓，文学家梅光迪、张梦麟、曹未风、李青崖，哲学家冯友兰，教育家张奚若等。文通书局是全国七大书局之一，出版了《大学丛书》、《经世丛书》、《实用科学丛书》等125种，《莎士比亚全集》也是在文通出局出版的，编辑所所长马宗荣、谢六逸、顾颉刚、白寿彝都是名家。中华、商务、世界、正中、开明各大书局都在贵阳设店，出版

文通书局出版的《学政大经》

杂志 200 余种，报纸数十种。

　　贵州的话剧运动蓬蓬勃勃，令人瞩目，唤醒了沉寂的高原。贵阳有沙驼剧社、"达德学校戏班子"及民教、青光、黔灵、华生、青年、力行等若干业余剧社，大夏大学有狼火剧社，遵义有浙江大学剧团、铁犁剧社和步兵学校的血痕剧团，军医学校有话剧社，许多县都成立话剧团。在剧院、学校、街头、农村都有话剧演出，《放下你的鞭子》、《难民曲》一类短小精悍的街头剧最能激动人心，话剧成为抗日救亡激流中的一种重要艺术形式。1944 年熊佛西、叶子夫妇同田汉、欧阳予倩、洪琛、夏衍等在桂林举办"西南戏剧展览会"，之后带领"西南文化垦殖团"到遵义，演出了《寄生草》，熊佛西为导演，叶子、邱玺、冷若西等都参加演出，掀起遵义话剧的高潮，熊佛西夫妇在遵义居住下来。当时许多外来剧团都在贵州活动，最令人感动的是流落贵阳街头的"孩子剧团"，30 多个孩子住在难童收容所里，田汉、安娥夫妇把他们组织起来演戏，演出了《江汉渔歌》、《新儿女英雄传》等话剧，天真烂漫，情感真挚，看了的人莫不泣下沾襟。

　　时代的怒潮激起坚毅的、沉雄、悲壮的歌声，"中华民族到了最危险的时候，每个人被迫着发出最大吼声"，千千万万人的声音汇成了"全民族大合唱"。筑光音乐会在劳军会上，演唱了《追悼阵亡将士》、《武装保卫中华》、《流亡三部曲》、《热血歌》，贵阳山城顿时沸腾起来。上海来的励志管弦乐队在贵阳演出"旗正飘飘，马正萧萧，枪在肩，刀在腰，热血似狂潮"，唱出了中国人民的心声。1943 年 5 月，贵阳举行了"千人大合唱"，参加的有 1 500 多人，他们都自比"八百壮士"而感到自豪。放声歌唱，唱出了时代的声音，从城市到乡村，从儿童到老人，从学校到工厂、机关、街道，以大夏大学歌咏队、浙江大学歌咏队最为活跃。大家同唱一首歌，那就是抗战歌曲，中国人民的伟大战歌。

　　绘画在抗战期间非常繁荣，特别是漫画。"牛鼻子"（黄尧）的漫画引起轰动，冯玉祥将军写道："我们感谢抗战，在抗战期间，我们不仅看到了'牛鼻子下乡'，'牛鼻子入伍'，'牛鼻子杀敌'，而且还要抗战到底，一定会看到'牛鼻子'走到鸭绿江边，'牛鼻子'在富士山头与日本被压迫民众痛饮胜利酒。"牛鼻子觉得"贵阳城很有诗意，尤其是四环净白的城墙，配合着嘟嘟嘟驮马铃儿的声音"，

文通书局出版的《漫画贵阳》　　　　　　　"牛鼻子"黄尧（左二）

他兴奋地描写贵阳，画了 100 多幅贵阳风情画，题为《漫画贵阳》。丰子恺在贵州画了许多有诗意、有人生、有生活的漫画，深受孩子们喜爱。马一孚在赠丰子恺的诗中写道："天下儿童识姓名。"国画大师徐悲鸿在贵阳举行画展，他画的骏马都是飞奔活跃、壮实健美，给人"无限的热力，这种热力使你兴奋，让你鼓舞"。在贵阳举办画展的还有叶浅予、叶一鹤、沈逸千、张安治、赵少昂、关良、尹瘦石、梁鼎铭等等。那时，故宫博物院的许多国宝都搬迁到安顺华严洞，1944 年 4 月 13 日起，贵州省立艺术馆与故宫博物院在贵阳举办了"故宫博物院书画展览"，展出从晋迄清的书画 200 多幅，科学路上车水马龙，盛况空前，展示了中国书画的风采，激发人们对祖国的热爱。

　　八年抗战中，贵州"门招天下客"，不论是"湖南伢子"、"江西老表"、"老广"，还是远道而来的"北方人"和"下江人"，"来的都是客"，在贵州都能找到安身之所。"南腔北调"，"五湖四海"，抗日的人，心心相印，万众一心，掀起了抗日救亡的高潮。尽管那是一个战火纷飞的年代，许多人到贵州便结束了流亡的生活，和热情好客的贵州人和谐相处，免受轰炸、屠杀、欺凌。贵州为中国保存了许多名牌大学、文化科技精英，保存了国宝，同时又促进贵州"战时经济"、"战时文化"的高涨。对外乡逃难的人来说，这也许是不幸中的万幸。对贵州人来说，或许是"因祸得福"，使贵州经济、文化得到一次大的提升。

　　抗战胜利后，有一次"大的复员"，机关、学校迁回原地，但有些机关并没有走，例如农业改进所长期留在贵州，外地来的专家教授有的还留在贵州大学、贵阳师范学院、贵阳医学院继续工作。工厂大都没有迁走，贵州企业公司所属的几十家企业一直保留到贵阳解放，42、44兵工厂后来发展为矿山机器厂，大定航空发动机厂有一部分迁往台湾，另一部分在贵州解放后迁往成都。有钱的人自然要回到南京、上海、汉口、广州，但平民百姓在贵州有了谋生的职业也就心安理得地住了下来，传了三代四代，变成"贵州人"。贵阳人口"复员"后走了2万多人，遵义走了1万多人。这些人除了在户籍上填有他们的祖籍而外，说话能与贵州人沟通，他们的子孙干脆说贵州话。生活习俗渐渐接近，再也没有陌生之感。

● 南下，西进 ●

　　"钟山风雨起苍黄，百万雄师过大江。"1949年，在中国历史上是极不平凡的一年，这是解放战争取得决定胜利的一年，是中国革命发生伟大转折的一年。这一年，中共中央发出"打过长江去，解放全中国"的号召，人民解放军浩浩荡荡渡过长江，占领国民政府首都南京，毛主席在北京天安门城楼上庄严地向世界宣布："中华人民共和国成

苏振华，贵州省解放后首任省委书记

杨勇，贵州省解放后首任省政府主席兼省军区司令员

立了，中国人民从此站起来了。"也就是在这一年，贵州解放了，南下、西进支队接管了贵州。

在此之前的1948年，辽沈、平津、淮海三大战役取得了胜利，革命形势已成定局。未雨绸缪，中共中央决定，要迅速训练一批能够管理军事、政治、经济、文化、教育和党务的干部，为未来2年内，在新解放区建立人民政权作好准备。华北局立即从冀鲁豫边区，抽调了17 000名干部，组建南下支队，随二野五兵团渡江南下，在那激情燃烧的岁月，许多干部从部队到地方，从老解放区到新解放区，从北方到南方，去执行神圣的使命。

南下支队接管赣东北地区以后，形式发生急剧变化，第二野战军奉命解放大西南。按照"大迂回动作，插至敌后，先完成包围，然后回打"的作战方针，首先进军贵州。南下支队一部分人去了华东，另一部分加以扩充，组建西进支队，负责接管即将解放的贵州。这一转变，使许多人感到突然，思想一时转不过弯来。他们对贵州的情况知之甚少，听了许多传言，觉得可怕。传言最多的是，贵州"天无三日晴，地无三里平，人无三分银"，贫穷、落后，不如北方好，不如江西好。有人说，贵州"过去是充军发配的地方"，到贵州要走几千里路，那里有"瘴气"，有"麻风病"，"老蛇多，蚊子比马蜂还大"，如此等等。经过反复动员、解释和个别谈话，绝大多数人表示要克服一切困难，到西南去，到贵州去。

1949年9月25日，西进支队从江西上饶出发，踏上西进贵州的征途。千里行军，一路歌声嘹亮。10月1日到达武汉，正值武汉人民庆祝中华人民共和国成立大会，人们高举五星红旗，抬着毛主席和朱总司令巨幅画像，锣鼓喧天，欢声雷动，许多人激动得热泪盈眶。到了湖南邵阳，中央已决定成立中共贵州省委和贵州省人民政府，苏振华为省委书记，杨勇为贵州省人民政府主席。按照贵州省当时的行政建制，西进支队搭起了接管贵州的领导班子，包括省委、省政府各部门干部及1个省辖市、8个地区的干部配备。成立8个大队，1个大队就是1个地（市）党委、专署、军分区的架子，每个中队就是1个县的架子，贵州有79个县，共建79个中队。人员不足，又从五兵团十六军、十七军转业2 480人到地方，将二野军大五分校学员1 500人补入，还将曾固、徐健生、伍嘉谟等一批贵州籍干部调到西进支队，共计15 000人。

西进支队从邵阳出发，翻过雪峰山，10月初进入贵州。山路难行，上坡下坡就走半天，道路艰险，弯弯曲曲，在悬崖峭壁上行走，有些路段还遭到破坏。西进支队紧跟部队行军，一天要走好几十里。11月14日，先头部队到达贵阳图云关，贵阳大街小巷传遍"解放军来了"的消息。11月15日贵阳解放，这是一个天气晴朗的日子，人民解放军列队入城，市民夹道欢迎，欢呼声、鼓掌声、口号声、锣鼓声、鞭炮声响成一片，人们唱起了"解放区的天，是晴朗的天"，高呼"人民解放军是各族人民的大救星"。西进支队随五兵团进入贵州，按预定方案进行接管。西进支队成员来自五湖四海，有老红军、有八路，有抗日战争时期和解放战争初期参加革命的干部，有南下时参加工作的青年学生和农村干部，还有江西地下党的同志和南京、上海、江西解放后参加工作的青年学生，大家为在贵州建立人民政权走在一起来了。那时，贵州人都把他们称为"老干部"，因为他

1949年解放军通过贵阳中华路

解放军进入贵阳

少数民族群众向解放军献旗

们来自老解放区，无论年龄大小、资历长短，都是中华人民共和国成立以前参加革命的。南下、西进干部，大都说北方话，官大官小都披一件大衣，一律实行供给制，生活艰苦朴素，守纪律，讲政策，全心全意为人民服务，他们的光辉形象铭刻在贵州各族人民心中。15 000人接管贵州，要建立从省到地区（市）、县各级人民政府，任务十分繁重。按原方案，一大队接管贵阳地区，二大队接管遵义地区，三大队接管毕节地区，四大队接管镇远地区，五大队接管兴义地区，六大队接管铜仁地区，七大队接管独山地区，八大队接管安顺地区。

当时，贵州刚从国民党统治下解放出来，情况异常复杂，国民党残余势力还在破坏、捣乱，有些国民党军队起义后"反水"，特务活动猖獗，土豪劣绅、恶霸地主、流氓地痞、帮会及反动会道门蠢蠢欲动，接管建政的艰难程度，简直难以想象。为了肃清反革命残余势力，保证全市人民生命财产安全，维护社会安定、确立革命秩序，接管国民党省级各系统、各单位的机构、人员和财产，1949年11月23日，成立中国人民解放军贵阳市军事管制委员会，委员会由苏振华、曾固、赵健民、杨勇、徐运北、刘星、秦天真7人组成，苏振华为主任，曾固为副主任。军管会下设军事、民政、建设、财政、文教、市政、公安7个接管部，后又增加工商接管部，按系统进行接管，1个月完成任务。

同一天，中共贵阳市委、贵阳市人民政府、贵阳市警备司令部成立，秦天真任市委书记兼市长，汪乃贵任司令部司令，参加接管的只有110人，半个月接管工作完成。贵州省委进驻贵阳，于12月3日经中央批准由13人组成，苏振华为书记，徐运北、曾固为副书记。12月26日，贵州省人民政府成立，杨勇任主席，曾固任副主席。从1949年11月10日至1950年3月，接管了国民党在贵州的1个市政府、8个专员公署、74个县政府，建立了各级人民政府，开启了贵州历史的新纪元。西进支队是贵州人民政权的创建者，其成员成为中华人民共和国成立后的贵州第一代各级领导干部。

贵州解放后，五兵团的主力奉命入川作战，仅留十七军五十师负责接管和警卫。各种反动势力乘机互相勾结，胁迫不明真相的群众组织、土匪武装暴乱，全省有31座县城遭到袭击和占领，不得不暂时放弃20个边远县，包括铜仁地区的石阡、印江、思南、沿河，毕节地区的金沙、织金、纳雍、威宁、赫章、水城，遵义地区的道真、正安、务川，镇远地区的锦屏、雷山、剑河，独山地区的荔波、黎平、从江、榕江，安顺地区的紫云等 21 个县。1 000 多党、政、军干部和民主人士、积极分子、征粮干部遭到杀害，金沙县委书记李旭华、镇远地委组织部部长王富海、息烽县委书记王涌波等都在与土匪战斗中壮烈牺牲，解放军运输队遭到土匪伏击，死伤 153 人。剿匪已成为西南全面的中心任务，十六军奉命回贵州剿匪，五兵团兼贵州军区，各军、师兼各地军分区，开展大规模的剿匪斗争，

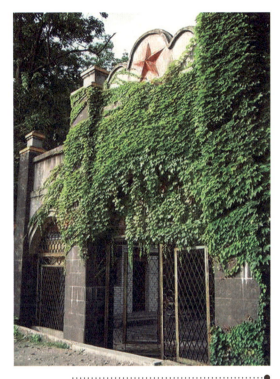

剿匪战斗中牺牲的萧国宝烈士陵园

经过一年浴血奋战，消灭土匪 19 万人，控制全省广大地区，"二次解放"边远县 21 个县，重新建立人民政权。西进干部经受了一次血与火的锻炼和考验，为保卫人民政权立下不朽功勋。

　　接管工作复杂而艰巨，首先面临的是粮食问题，维护交通路线，保证城市人口用粮，供给过境部队，打击奸商囤积居奇，派人下乡征借粮食。控制关系国计民生的食盐、粮食、煤炭、棉纱，稳定市场，平抑物价，保证人民生活。没收官僚资本企业，在企业中开展民主改革，调整工商业，安排失业人口，迅速恢复、发展生产。最令人难忘的是禁烟禁毒、改造妓女、收容乞丐，将千百年的陋俗，一扫而光。在农村，开展以清匪、反霸、减租、退押、征粮五大任务为中心的反封建斗争。

　　南下、西进干部，初来乍到，人生地不熟，要在刚解放

的贵州开展工作，是很困难的。中央对此已有考虑，特别从东北、华北抽调一批熟悉情况、与群众有联系的贵州籍干部回到贵州，而且安排在重要位置上，如曾固担任省委副书记、省人民政府副主席，秦天真任贵阳市委书记兼市长。省委特别强调培养本地干部，特别是少数民族干部，通过革命大学、贵州民族学院及各种干校、训练班，培养了一批青年干部，并经过实际锻炼成长起来，共同担负起建设贵州的艰巨任务。干部们深入工厂、农村、学校、街道，发现许多积极分子，建立若干工会、农民协会、妇女联合会、青年团、学联和居民委员会，对建政、接管发挥了重要作用。在产业工人和贫雇农中发展党员，使党组织不断扩大，并在城市、农村中扎根。团结少数民族、知识分子、民主人士和工商界人士，在当时是做得很好的，许多人回忆起来都很佩服和感动。西进干部成了他们的亲密朋友和革命引路人。

　　也许，这些南下、西进的干部，有这样或那样的想法、顾虑和不解，渐渐地，他们了解贵州、熟悉贵州、热爱贵州。虽说他们时常想起故乡、思恋故乡，但更恋贵州，他们的青春年华在贵州度过，这里是他们战斗过的地方，是他们实现理想和抱负的地方，他们在这里成家立业，有许多朋友和同志，有许多难忘的往事和牵挂，他们最终还是选择留在贵州。老同志苗春亭有这样一段深情的话："故乡难忘啊！嘴上时常念叨家乡，梦中也常常梦到家乡，那毕竟是出生之地，童年时期、青年时期的许多趣事，在头脑中留下了深刻的印记，挥都挥不去。当年父母兄弟洒泪送我南下的场面还历历在目，故乡的亲人、故旧也常常勾起我对故乡的怀念与回忆。特别是人到老年，更有一种游子思乡的亲情浮现脑际。贵州是我的第二故乡，人生旅程有几个50年？我的大半生都献给了贵州这片土地。我从未因到贵州而后悔，几十年的工作与生活，使我产生了浓厚的感情。"

　　革命使他们与贵州结下不解之缘，大半辈子的工作与生活使他们离不开贵州，这些"外乡人"渐渐融入"贵州人"，"飞鸽牌"变成"永久牌"。他们的子女生在贵州，长在贵州，最值得回忆的人和事都在贵州。这批"老干部"，来时是只身一人，现在是儿孙满堂，当年的15 000人，现在是好几万家。尽管初来时人数不多，但作用不小，解放贵州、建设贵州都有他们不朽的功劳。

● "好人好马上三线" ●

"好人好马上三线"是 20 世纪 60～70 年代流行的一个口号，喊得相当响亮。它是一个政治使命，举国上下，集中全力，实现战略部署的巨大调整，把国防工业转移到安全的"纵深地区"，在西部建立起一个"比较完整的后方工业体系"。建设的重心向西部转移，工厂企业大规模向西部搬迁，要求把最多最好的人才，最好最精的设备投入"三线建设"，尽快建立起我国现代化国防科技工业体系，让原子弹、氢弹爆炸，人造卫星上天，迅速打破"超级大国"的霸权。这是一个激动人心的动员令，一声令下，几十上百万的人到西部去为国防建设献身忘我地工作，无私的奉献，以参加"三线建设"为荣，就像电视连续剧《五星红旗迎风飘扬》里表现出来的那种精神、那种气概、那种激情、那种令人难忘的情景。

说起"三线建设"，亲历、亲见的人记忆犹新，年轻人就不知是怎么回事了。"三线"是一个战略概念，是国家的高层决策，一般人并不理解。当时，把沿海和沿边易受外来侵犯的地区称为"一线"，把安全的"纵深地区"称为"三线"，介于"一线"和"三线"之间的地区称为"二线"。"三线"地区最初指的是西南和西北，20 世纪 70 年代扩大到甘肃乌鞘岭以东、山西雁门关以南、京广铁路以西和广东韶关以北的广大地区，包括四川、贵州、云南、陕西、甘肃、宁夏、青海、河南、湖北、湖南、山西的西部、广东的北部、广西的西北部，重点是四川、陕西和贵州。

贵州是"三线建设"的重点省区之一，国家投资和建设规模居全

"三线建设"的历史背景

"三线"建设这一战略部署的调整，与当时特殊的历史背景有关。中华人民共和国成立之初，按照《中苏友好互助同盟条约》，苏联援助我国建设一批重要的工业项目，大都安排在"三北"地区，即东北、华北和西北。可是，1960 年中苏关系破裂，苏联专家撤走，苏联逼中国还债，关系国防的重大项目处于困难境地，而且苏联对我国的工业布置、国防建设了如指掌，若不迅速转移必将受到致命打击。那时中美关系还处于紧张阶段，美国与我国周边的一些国家结成反华联盟，在我国的东面和南面构成了一个"半月形"军事包围圈，日本、韩国对中国采取敌视态度，蒋介石在台湾叫嚣"反攻大陆"，美国飞机轰炸越南，中印边境冲突不断，东南沿海和南部边境受到很大威胁。在这种复杂的国际形势下，"三线建设"势在必行，从 1964 年开始，到 1980 年结束，前后持续 17 年时间。

备战备荒为人民　好人好马上三线　人民禮堂

贵州"三线建设"博物馆中的人民礼堂

国第三，仅次于四川和陕西。建设的重点是国防科技工业，建立航空工业基地（011）、航天工业基地（061）和电子工业基地（083）。它以铁路建设为先导，修建川黔铁路、贵昆铁路、湘黔铁路，与原先建成的黔桂铁路在贵阳形成"十字交叉"，成为西南铁路交通枢纽。为建设巩固"战略后方基地"，中央加大对贵州的投入，除三机部（航空）、四机部（电子）、七机部（航天）安排的项目外，一机部（民用机械）、八机部（农机）、煤炭工业部、水电部、化工部、冶金部、轻纺工业部都在贵州安排重要项目，建设部还调来许多建筑队伍。当时采取的措施是搬迁，有的是整个企业迁来；有的是将老厂一分为二，在贵州建新厂，有的是由老厂派人到贵州援建、包建。大量职工由全国各地来到贵州，人数不下几十万。这是中华人民共和国成立后规模最大的一次移民，是工业移民、技术移民，影响极为深远。

　　来贵州的"三线人"，主要是东北、华北及东南沿海重要工业城市的技术工人、科技人员和管理人员，如北京、天津、青岛、沈阳、上海、西安、成都等城市。他们长期生活在松辽平原、华北平原、胶东半岛、黄浦江畔、江浙水乡、天府之国，生活在发达城市，突然要离开家乡，告别亲人，到千里之外的贵州山区安家落户，免不了有许多想法，冷暖自知，复杂的心情他人难以想象。那时的人最听党的话，"哪里需要到哪里"，一声令下，不得不走。每个人都面临着人生道路的选择，在去留之间，思绪纷繁。这一去，不知何年何月才能返回故乡，这一去，前程如何，心中渺茫，这一去，老父老母，妻室儿女怎么办？这一去，贵州是个怎样的地方，茫然不知。但他们终于走来，为国防建设献身，为贵州开发献身，"献了青春献子孙"，成了"贵州人"。

　　贵州人今天能坐着火车周游全国，绝不能忘记"三线"时期的修路人。在此期间，铁二局、铁道部第二勘测设计院（第二分院）先后调到贵州，后来又从东北、华北调来两个工程处，他们在一个月内神速地赶到贵州，设计施工队伍达到4.3万人，他们跋山涉水，风餐宿野，在贵州战斗了7 000多个日日夜夜，终于建成了贵昆、川黔、湘黔三条铁路。贵昆铁路穿行于乌蒙山区，地质、地貌情况复杂，铁二局和铁道兵三个师加上民兵共11万人，夜以继日，用了不到两年时间，便建成了642公里的铁路，打通了工程艰巨的岩脚寨隧道、梅花山隧道、花苗隧道、新窑四线隧道，建起了天生桥特大桥及60座桥梁，1966年10月1日正式通车。川黔铁路贵州段，克服重重困难，打通了凉风垭、

铁路修到苗家寨
·····························●

歌曲《铁路修到苗家寨》

贵阳南站

娄山关大隧道，架起乌江大桥，一年时间建成通车。1970年开始湘黔铁路大会战，几万铁路工人、30多万民工投入修路，声势浩大，热火朝天，两年修建铁路276公里，隧道、明洞185座，大小桥梁183座，1972年10月在施秉翁塘接轨。贵州铁路，留下"三线人"的足迹，洒满"三线人"的汗水，叫人没齿难忘。

　　北京、天津、保定、大连、沈阳、哈尔滨、南京、上海、成都、西安等地100多个军工企业和科研单位奉命迁到贵州，七八万人带着妻室儿女在贵州扎根，建起了航空、航天、电子三大国防科技工业基地，80多个企业，以革命精神树起了一座丰碑。在这些职员中，有2万多科学技术人员，不少来自哈尔滨军事工程学院、北京航空航天大学、清华大学等著名大学，是"尖端"科学技术的精英。他们把当时国内最先进的设备搬迁到贵州，仅金属切削机床和锻压设备就有19 300多台，还有许多数控铣床、车床、坐标镗床、电子计算机及高科技测量、检验设备。高科技破天荒地进入贵州，电子计算机、雷达、导弹、85破甲弹、1970年首台涡喷发动机、我国第一架歼6飞机，以及几百种航空、航天、电子部件都含有"贵州制造"，为国防现代化做出宝贵

1966 年沈阳飞机厂职工到贵州支援"三线建设"

中国第一航空发动机制造厂旧址（大方县羊场镇）

011 生产的歼击机

贵航生产的歼教 7 型飞机

贡献。国防现代化，任何时候都不可忽视，特别是在国际形势复杂多变的当今世界。

但局外人怎能知道他们创业的艰辛呢？说是搬迁，实际上这里并没有厂房，初来的人住在工棚里，有的还住在农民家，白手起家，盖厂房，架电线，安装机器设备，一切都靠自己。为了保密，国防工厂都进大山、钻山洞，离城市很远，连人带厂都住在深山之中。那时强调"先生产，后生活"，职工宿舍多是"干打垒"（煤渣砖砌成的简易房屋）、"大板房"（用预制板修建的房屋）和"筒子楼"（房间在过道两侧，大家共用厨房、厕所）。住房供应紧张，粮食、菜油、猪肉定量供应，大多数生活物品凭票购买，许多家属只好开垦种菜，自己养猪。工厂自成体系，商店、医院、学校及各种设施"小而全"，人们生活在一个与世隔绝的小天地里。"文化大革命"时停课，小孩只好在家劳动、玩耍、自学，父母是唯一的老师。然而，就在这种艰苦的环境下，人们精神焕发、情绪饱满、不讲条件、不计报酬、勤勤恳恳地工作，默默无闻地创造，表现出一种无私奉献的"三线精神"，可圈可点，可歌可泣，令人敬佩。

● ··
贵阳新天光学仪器厂旧址

"三线建设"的另一个任务，就是在西部建立"后方工业基地"，国家在人力、物力、财力上向贵州倾斜，机械、冶金、化工、煤炭、电力、轻工都有较大发展，新建、扩建1 000多个企业，大中型企业100多个。机械工业异军突起，在贵州形成磨切磨料、低压电器、仪器仪表、精密光学仪器、轴承5个工业基地及一批骨干企业，在国内占有重要地位。这些基地不少是由上海迁来扩建而成，例如遵义的长征电器公司的11个厂是由上海负责内迁，贵阳的仪器仪表公司7个厂是由上海迁来扩建，新天光学仪器厂也由上海迁来，仅机械行业从上海迁来的职工就有约3万人。原上海光学仪器厂党委书记葛民治在回忆中写道："内迁——这个不寻常的字眼，在我们这一代人的心中至今还有着动人心魄的含义。它意味着数以百万计的内迁大军告别父母，携妻带子，全家革命，从繁华的工业发达的地区浩浩荡荡奔赴深山荒野；它意味着满腔热血的拓荒者在当时还十分贫穷落后的内地，在我们的下一代无法想象的极度艰苦的条件下建设起一个现代化的工厂，并且'献了青春献终身，献了终身献子孙'；为祖国内地经济的巨变做出了不可磨灭的贡献。"的确，许多上海人都在贵州成家立业，儿子儿孙扎根贵州，他们在家说上海话，出来都能流利地说贵州话，原先不吃辣的上海人，也变成"不怕辣，辣不怕"的主。

"三线建设"改变了贵州的工业布局，使老城市焕发青春，新城市拔地而起。这一时期迁入贵州的人口大约有18万，仅贵阳就有3.6万。贵阳、遵义发展为工业中心城市，安顺、都匀、六盘水、凯里等则是兴起的工业城市。凯里原先只是一个民族地区的小县城，随着湘黔铁路的开通，083 在此兴建 10 余个电子工业企业，迅速发展为一个以电子、轻工、建材为主的工业城市，1983 年撤县建市。别看六盘水现在是贵州西部的中心城市，在 40 多年前这里还是偏僻、荒凉的地方，它的兴起与六盘水煤矿的开发密切相关。根据"三线建设"的部署，在攀枝花铁矿与六盘水煤矿之间实行"钟摆式"运输，建立钢铁联合企业，从 1965 年起建设六盘水煤炭工业基地。沉睡千万年的煤矿得到大规模开发，六枝矿区、盘县矿区、水城矿区先后建成23对矿井，修建了贵州第一座坑口火电站，接着又建水城钢铁厂、水城水泥厂及其他工业企业，10 多年时间变成一个工矿城市，1978 年成为贵州的第二个省辖市。许多矿区，如水城大河镇、汪家湾镇、大

《青红》剧照，王小帅导演，以贵州"三线建设"为背景

六盘水市"三线建设"博物馆设计图

水城钢铁厂

黔西红林机械厂主厂房旧址

湾镇、观音山镇、老鹰山镇，六枝的平寨镇、木岗镇，盘县的盘江镇、火烧铺镇、洒基镇等，都是因煤矿开发由村庄变为城镇。为了开发这"西南大煤海"，煤炭部从河北、山东、山西、华东调来地质勘探、设计、施工队伍，先后约3万人，他们不适应这里的高寒阴湿的气候，穿棉衣、披蓑衣、戴斗笠，在荒山野岭工作，没有房子自己盖，没有电灯点蜡烛，没有现代化的机器，只能手工操作，吃的是杂粮、蔬菜，日用品都要从外面运来，但他们意志坚定，吃苦耐劳，终于使"荒山变煤城"。

　　"三线建设"是一个特殊的年代，在"好人好马上三线"的号召下，全国各地的人来到贵州支援建设，修铁路、开矿山、建工厂，在贵州安家落户，"五湖四海"的人变成"贵州人"。他们带来了工业文明，带来了高科技，带来了不朽的"三线精神"。他们"献了青春献终身，献了终身献子孙"，完全变成"贵州人"。

都匀"三线建设"工厂旧址

同是汉文化

贵州不寻常

　　随着汉族移民的到来，汉文化在贵州传播开来。汉文化在贵州这块土地上，有所流变，有所创新，不同寻常。譬如贵州话，与南方六大方言有较大差别，属于汉语北方方言，"农历"传入多民族的贵州，发挥出人们意想不到的功能，不但使人们有了明确的季候观念，推动了农业生产的发展，还影响民风民俗。"王学圣地"在贵州，王学把儒家学说推向新的阶段，而与"正统"的程朱理学截然有别。屯堡人中传承的"地戏"，神秘古朴，别开生面，未见于其他地区。沙滩是黔北一个僻静的山庄，清代竟成了大儒之乡、书法之乡、诗的海洋。贵州的茅台酒，誉满天下，竟成"国酒"。贵州的"黔剧"，与其他的地方剧种不同，颇有贵州特点。以上所举，一眼一眉，以见汉文化在贵州的不同寻常。

多元会聚，和而不同

许多民族在贵州会聚，共同生活在这一块土地上，语言系属不同，文化体系也不一样，构成一个多元的文化系统。在这个复杂的文化体系中，既有汉文化，又有少数民族文化，汉文化来自不同地区，少数民族文化多种多样，有苗族文化、瑶族文化、布依族文化、侗族文化、水族文化、彝族文化、土家族文化、仡佬族文化、回族文化等等。各种文化之间，互相交融，互相影响，但又都保持自己文化的特点，呈现出"多元并存，共生共荣"的繁荣景象。这与北方的燕赵文化、三秦文化、齐鲁文化、中州文化、安徽文化等明显不同，那些地域文化虽然原先是"多元"的，但经过长期融合而为汉文化。吴越文化、江西文化、荆楚文化、岭南文化、闽台文化等，汉文化与古老的越文化、楚文化已充分融合而有鲜明的地方特色。青藏文化以藏文化为主，新疆以西域文化为特征。贵州文化与云南文化比较相近，但因民族构成不同而各有特点。

汉文化在贵州的传播，与其他地区不同，这一方面是因贵州是一个多民族地区，另一方面则与贵州的历史发展、汉族移民紧紧相连。汉武帝开"西南夷"，"平南夷（指夜郎）置牂牁郡"，进入一批汉族移民，汉文化源源传入贵州，但汉代移民的数量有限，主要聚居在城邑和军事据点，汉文化呈点状分布，广

多民族文化会聚

贵州是个多民族省份，据2010年第六次人口普查统计，全省3 474.6万人。其中，汉族2 219.8万人，占63.89%，少数民族1 254.8万人，占36.11%。汉族源于华夏，语言属汉藏语系汉语族。除分别来自北方和西北的蒙古族、满族和回族外，分属古代四大族系，即氐羌族系、苗瑶族系、百越族系和百濮族系。氐羌族系的语言属汉藏语系藏缅语族，包括藏族、彝族、白族、土家族、羌族、傈僳族、哈尼族、纳西族、阿昌族等。苗瑶族系的语言属汉藏语系苗瑶语族，包括苗族、瑶族和畲族。百越族系的语言属汉藏语系壮侗语族，包括壮族、布依族、侗族、水族、毛南族、仫佬族、傣族和黎族。百濮族系的语言消失严重，有关专家认为属汉藏语系仡基语族，仡佬族及已消失的楚人、羿子等大抵属这一族系。

贵州是古代南方四大族系交会的地方，同时又是汉族移民较多的区域，各民族在不同时期从不同地区迁入贵州。从宏观上考察，氐羌民族从西向东推进，苗瑶民族由东向西迁徙，百越民族由南向北扩散，百濮民族逐渐分散、消弱，汉族主要从北面、东面进入贵州。各民族从四面八方进入贵州，相互对流，互相穿插，形成"大杂居，小聚居"，"又杂居，又聚居"的民族分布状况。黔东南主要是苗族、侗族的聚居区，又是汉族进入贵州的重要通道。黔南和黔西南，是西迁的苗族、瑶族与北进的布依族、壮族、水族、毛南族、仫佬族等错杂而居的地区。黔中地区，五方杂处，各民族均有分布。黔西及及黔西北，主要是由云南进入的彝族、白族、回族与汉族、仡佬族等错杂而居。黔北是汉族进入贵州的重要通道，汉族居多，其他民族较少。黔东北为土家族、苗族、仡佬族、汉族居住。

大地区仍为"西南夷"文化。魏晋南北朝时期，中原纷乱，中央王朝衰落，对西南地区失去控制，牂牁大姓崛起，在"夷多汉少"的情况下，汉族多被同化，"变服易俗"，汉文化的传播不但没有扩大，而且未能继续传承，少数民族文化处于优势。唐、宋时期，地近川、湖的思州、播州地区在中央王朝的直接控制下，汉族移民又陆续进入，汉文化逐步兴起，这种状况在大量的宋墓中反映出来，但其他地区主要是少数民族文化。汉文化在贵州持续、全面发展是在明清时期，明代大规模的移民，实际上是一次"文化大搬迁"，以人为载体，把内地汉族早已形成的农业、手工业、建筑模式和文化习俗带进贵州；清代的"客民"，其数不亚于明代，使"夷多汉少"改为"汉多夷少"，汉族人口遍布全省各地，并深入穷乡僻壤，汉文化传播范围日益扩大。从历史上看来，汉文化在贵州的传播与内地明显不同，它不是从古至今一直传承下来，汉代兴起一阵之后又被"夷化"，经过明、清500多年才"渐比中州"，比内地晚了千余年，而且发达程度与内地有较大差距，只是"渐比"而已，并不完全同于"中州"。

汉语、汉字是汉文化的载体，明清以来随着汉族移民大量进入才在贵州通行。贵州话属汉语北方方言体系，但并不是直接从中原传入，而是经过四川的中介形成川黔滇方言，即"西南官话"。川黔滇方言在语音、语法、词汇上有许多共同之处，但贵州话与四川话、云南话也有若干差异。汉族人口多，分布广，与各民族广泛接触，特别是在汉族与少数民族杂居的地区，许多民族都以汉语为共同的交流工具，而在内部仍使用本民族语言。交流是双向的，住在少数民族地区的汉人也略通少数民族语言，而且在语音、词汇上多受少数民族语言影响，黔东话、黔南话与川黔方言有一定差别。汉字自明代以来逐渐推广，对少数民族多有影响。彝族碑刻往往是"彝汉合璧"，土司安贵荣、安国亨等都能写汉字，毕节大屯余氏一门还出了几代诗人。布依族的"摩公书"，实际上是用汉字记布依语音。"水书"中有一部分文字是古汉字倒写、反写的形式。原先无文字的少数民族，渐习汉字，只是人数不多，直到中华人民共和国成立后才日益普及。

汉武帝"罢黜百家，独尊儒术"以后，儒家思想占据统治地位，对汉族的思想意识、伦理道德、文化教育影响最深，成为汉文化的重要特征。但在明代以前，贵州儒学教育远逊于中原，影响甚微。明朝建立后，在"治国以教化为先，教化以学校为本"的方针下，儒学教育勃然兴起，办起了官学、书院、卫学、社学、私塾，并在贵州"开科取士"，人才联袂而起。但儒学教育在贵州推行的时间毕竟不长，受正统儒学的影响不深，人们受封建礼教的束缚较少，因而作为与程朱理学相抗衡的王明阳心学在贵州易为人们接受，继王阳明创办龙岗书院之后又办起了阳明书院、正学书院、学孔书院、鹤楼书院等，以王阳明学说为儒家"正学"，宣扬王学，在全国书院日益官学化的情况下，贵州却兴起自由讲学之风，思想活跃，影响极为深远，与其他地方儒学不同。

　　道教是中国土生土长的宗教，植根于汉族的民俗信仰，与道家思想紧密结合，是汉族的传统宗教。道教有一个庞大的神祇系统，尊老子为太上老君，崇奉"三清"（原始天尊、灵宝天尊、道德天尊），天神有"四御"（玉皇大帝、北极大帝、天皇大帝、后土皇地祇），还有同掌日月星辰、风云雷电、五月五镇、四渎四海、山川社稷、渊泽井泉诸神，后来又加入各种神仙、真人、各派祖师及城隍、土地、灶君和民间推崇的许多名人，宫观五花八门，诸如三清阁、三官殿、玉皇阁、真武庙、祖师庙、龙王庙、火神庙等等。宋代道教在邻近川湖的黔北地区已有传播，明代以道教为"敷训导民"的重要手段之一，大力推行，令卫所及各府州县皆建社稷坛、山川坛、先农坛、厉坛，设道纪司掌管道教，特别重视"益人伦、厚风俗"的正一道。为适应社会的发展，道教世俗化倾向日益明显，与人们利益关系密切的神受到重视，武人尊崇关圣、黑神，文人尊崇文昌君，普遍崇奉财神，还有与农业密切相关的土地公、龙王、雷神、牛王、

织金财神庙

马王。各地推崇的名人也纳入道教神祇，如四川推崇的"川祖"（李冰父子）、湖广推崇的"禹王"（大禹）、江西人推崇的"许真人"（许逊）、福建和广东等地推崇的"妈祖"、山西和陕西推崇的关圣等等。在贵州，不但各地会馆供奉主神，而且在各地建了许多川祖庙、禹王庙、万寿宫、寿福寺。道教与行会结合，各行各业都有自己的神，如木匠及泥瓦匠供奉鲁班，铜匠铁匠供奉李老君，织匠、裁缝供奉轩辕，行医卖药的供奉药王孙思邈，唱戏的供奉唐明皇之类。道教与贵州少数民族的原始宗教（自然崇拜、祖先崇拜、图腾崇拜）一拍即合，出现"道巫混杂"的现象。人们不管何方神圣，见神就拜。道教的斋醮法事与民俗结合，广泛开展开路、跳神、还愿、打保福、庆坛等活动。古老的傩祭在贵州长期传承下来，盛行傩堂戏、阳戏，皆以"驱鬼逐魔，消灾弭祸，祈求平安"为日的，并渗入道教的法事。

佛教与汉文化充分交融形成汉传佛教，实际上已成为汉文化的有机组成部分。佛教在唐代已传入贵州，主要在黔北地区，开凿乐山大佛的海通法师就是播州人。明朝建立后，"教化"以儒学为主，辅以佛、道，佛教在贵州兴盛起来。在贵州宣慰司及各府设僧纲司，大力推广佛教，卫所及府、州、县皆建有佛寺，还深入土司地区。此时巴蜀佛教颇盛，尤以禅宗的临济宗最为突出，倡导佛教"不避世俗"、"教禅一致"，提倡禅宗与净土合流。明末清初，四川高僧避难，大量进入云南、贵州，促成"滇黔佛教大盛"。贵州的高僧多是临济宗"天童派"弟子，开辟了梵净山、飞云崖、白云山、西望山、黔灵山等佛教名山，建立许多佛寺。清代贵州佛寺遍及全省城乡，贵阳城内城外就有佛寺162座，遵义府属各州县共有佛寺270多座，就连新开辟的"苗疆六厅"也建有许多佛寺，主要是禅宗和净土宗，与汉族民俗结合紧密。入清以来，儒学与佛、道交融，"三教合一"的倾向日益明显，

黔灵山弘福寺

镇远中元禅院

黄平飞云崖

道观中供佛，佛寺中也供道教神衹，出现了许多"三教寺"，仅贵阳就有"三教寺"25座，在同一寺庙中同时供奉孔子、太上老君、释迦牟尼、观音。镇远中和山上，有青龙洞、紫阳洞、中元洞、万寿宫、观音殿、吕祖殿、紫阳书院，是"三教合一"的典型。

　　贵州的汉族来源广泛，各个时期皆有所不同。汉代的汉族移民主要来自巴蜀，魏晋及唐宋的移民多来自中原，明代的移民主要来自江南、江西、湖广，清代、民国及中华人民共和国成立以后移民则是来自全国各地，以邻近各省较多。移民往往把家乡的地域文化带进贵州，多种地域文化聚合，呈现出汉文化的多样性。前面提到的"会馆文化"就是不同地域文化在贵州的展现，会馆建筑风格各异，供奉各自尊崇的神衹，集会时以家乡话交谈，用诗词楹联表达对家乡的思念，还演出家乡的地方戏。地方戏形成于清代，以戏剧的形式集中反映各地独特的民风民情、艺术追求和精神风貌，由于贵州各地移民都有，清末以来许多地方剧种陆续传入贵州，抗日战争时期达于鼎盛。早在1913年，南京的"乔玉琴京戏班"即来贵阳演出，建立"黔舞台"，抗战期间"厉家班"、"管家班"、"朱家班"等在贵阳、遵义、安顺等地搭台唱戏，民间成立"京调会"、"会文票社"、"榴社"、"青年国剧社"等 10 多个京剧业余戏班，拥有许多票友。因京剧在贵州有社会基础，后来组建了贵阳、遵义、安顺、毕节、铜仁等京剧团。川戏于光绪年间传入贵州，先后出现了"草台班"（秦和班）、"天曲班"、"洪泰班"等戏班，活动遍及全省，以贵阳、遵义、桐梓、湄潭、毕节最盛，极盛时有 15 个川剧团，是贵州最流行的地方剧种，后来保留贵阳、遵义和毕节 3 个川剧团。北方的评剧、浙江的越剧、河南的豫剧，于抗战期间传到贵州，滇剧流行于兴义、兴仁、盘县等地，湘剧（辰河班）及木偶戏流行于铜仁、镇远、思南等地。

明清以来，汉文化逐渐成为贵州的主流文化，但并未因此改变贵州"多元文化"的格局，各种文化"和而不同"，互相兼容，保留着各自发展的空间。在少数民族聚居区，民族文化仍然继续发展。贵州地形复杂多样，各种经济文化类型不同的民族，在贵州都能找到适合他们生存发展的空间。且因山川阻隔，各种民族文化在某一地域保存和发展起来，与周边的文化面貌互不相同，出现"十里不同风"的状况。

"多元会聚，和而不同"是贵州文化的特征，在这里，多种民族文化同时存在，与汉文化互相交融，少数民族文化受汉文化影响而又保持各自的文化传统，与汉文化"共生共荣"。贵州的汉文化，总体上与全国是一致的，但因历史发展、地理环境和民族状况诸种因素，同中有异，与内地有所不同，也就是我们所说的"同是汉文化，贵州不寻常"。就其历史发展而言，汉文化虽在汉代已传入贵州，但并没有持续下来，期间有一个较大的断层，直到明清时期才持续全面地发展，发展程度与内地有较大差距。由于贵州的汉族移民来自四面八方，汉文化来源广泛，实际上是多种地域文化在贵州聚合，同样表现出"多元"的特点。汉文化在流播过程中，在影响少数民族文化的同时，自身也受到多种民族文化的影响。这种多元性，在宗教信仰上也表现出来，儒、佛、道"三教"逐渐合一，道教与少数民族原始宗教互相渗透，出现"道巫混杂"，近代又传入天主教和基督教，同样是"多元聚合，和而不同"。

● 贵州话竟属汉语北方方言 ●

　　汉语是汉民族共同的语言,也是汉文化的重要载体。汉族人口众多,分布面广,随着人口的迁移,遍及全国各地,与各民族都有广泛接触。各地的汉族,由于移民的时间不同,移民方式、移民地点及所处的自然、社会环境不同,语言渐渐发生变异,久而久之,形成不同的方言。方言是汉语实际存在的具体形式,是汉语在不同地域的变体,人们开始说话总是习学当地方言,长期延续,习以为常,不能脱离当地的语言环境,这就是所谓"乡音难改"。唐代诗人贺知章在一首脍炙人口的七绝中写道:"少小离家老大回,乡音未改鬓毛衰。儿童相见不相识,笑问客从何处来。"秦始皇统一中国,"车同轨,书同文",统一了文字,但不可能统一各地的方言,直到现在各地方言依然存在。尽管国家大力推广普通话,但在日常生活中人们说的还是本地方言,说的普通话也免不了带有"乡音",就像广西人说"桂普话"一样。

　　汉语方言极其繁杂,大体可概括为七大方言区,即北方方言(官话)、吴方言、湘方言、粤方言、闽方言、赣方言和客家方言。顾名思义,北方方言主要流行于中国的北部,包括长城内外、黄河上下、长江以北的广大地区。与汉族的起源和形成密切相关,汉语在这一地区形成、

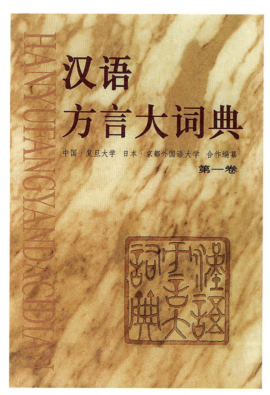

《汉语方言大词典》

发展，是长期文化交融的结果，语言的一致性很大，使用的人口最多，大约有 70% 以上的汉族使用北方方言。因为历代的中央王朝多数定都于北方，都以汉语北方方言作为官方语言，于是北方方言成为"官话"。其余六种方言都在长江以南，吴方言主要分布在江苏、浙江及其毗邻地区，湘方言中的"老湘语"主要分布在湘西南一带，粤方言主要流行于广东、广西，闽方言主要流行于福建、广东东部、海南岛、雷州半岛、浙南和台湾大部分，赣方言主要流行于江西北部和中部，客家方言流行于赣西南、粤北、闽西的客家人中。这六种方言与北方方言都有较大差别，很难直接通话。而地处南方的川黔滇方言（即"西南官话"）却与南方的六大方言大相径庭，竟属于汉语北方方言，令人感到诧异。

　　贵州人很难与说吴语、湘语、粤语、闽语、赣语、客家语的人对话，叽里咕噜地说了半天，不知所云，莫名其妙。可是，与北方人交谈反倒觉得比较容易，贵州人听得懂他们的话，说慢一点，他们也可以听懂贵州话，不过，他们总认为这是"四川话"。这也不足为怪，因为川黔滇方言有许多共通之处，而且是以四川话为基础逐渐演变形成的。有个史实绝对不可忽略，那就是中国古代的政治、经济、文化中心在陕西、河南。周朝兴于关中，建都镐京，后迁都洛邑（今洛阳），秦朝建都咸阳，西汉建都长安，东汉迁往洛阳，西晋的都城在洛阳，隋、唐的都城都在长安。四川地接陕西而近河南，武王伐殷商时势力已达巴蜀，战国时期秦、楚相争，首先在四川建立蜀郡、巴郡及黔中郡，文化上很早便受到关中、汉中及中原的影响。秦统一中国，迁"秦民万家"入蜀。刘备的蜀汉政权在成都建立，汉文化进一步扩大传播。"永嘉之乱"，晋朝南迁，北方流民数万家经汉中入巴、蜀。南北朝时期，中原战乱，流入四川的人更多。唐代"安史之乱"，唐玄宗逃往成都，大批汉族避难入川。南宋时，北方为金、西夏所占，北方汉人逃入四川者不计其数。凡此种种，说明四川与古代汉文化中心有着密不可分的联系，一批又一批的汉族移民，把北方的汉语带入四川，致使四川话与北方方言比较接近，同属于"官话区"。以四川话为中心向云、贵辐射形成川黔滇方言，即"西南官话"。

　　贵州与四川山水相连，历史渊源深厚。汉代牂牁郡的移民多来自巴、蜀，三国时"南中八郡"实以四川为中心。唐代管辖"黔南"的黔州都督府设在四川彭水，宋代管辖贵州的夔州路也设在四川奉节，黔北地区的播州宣慰司、遵义府在元、明及清初皆属四川。更重要的是，明、清两代大规模向贵州移民，贵州建省后来自内地的流官不绝如缕，官学、书院传承和传播汉文化，皆以"官话"为准，科举考试促进士人倾心向学，汉文化在贵州广为传播，使贵州成为"官话区"。贵州方言总体上属川黔滇方言，与四川话、云南话大同小异。贵州方言可分为三个次方言区，分布最广的是川黔次方言，包括遵义、毕节、六盘水、安顺、贵阳、铜仁等，约占全省总人口的80%。黔东南次方言和黔南次方言主要是受少数民族语言及邻省影响，黔东南次方言分布在黔东南苗族侗族自治州大部分县市，黔南次方言分布在黔南布依族苗族自治州。贵州有三个方言岛，一个是安顺屯堡的"二铺话"，二是天柱远口等地的"酸汤话"，三是晴隆、普安境内的"喇叭话"，这与地域性集团移民有关。

贵州话与普通话的差异，还在于词语上的某些不同，如果仅按普通话的声调仍用贵州的俗语，听起来怪怪的，令人感到别扭、可笑，譬如"屄屄"（粪便）、"水凼凼"（积水坑）、"蒙猫猫"（捉迷藏）、"旮旮头"（角落）、"犟拐拐"等。姚华在《黔语》中"以今证古，以俗征文"，对280多个贵阳方言词语追本溯源，认为多是古语，且"习语于北"，如"屙屎撒尿"、"王婆婆故事多"、"文绉绉"、"龙门阵"、"怄气"、"瞌睡"、"背时"、"黑臆臆"等都有出处。譬如"屙屎撒尿"，古人云："屎曰屙，溺曰拉，亦曰撒"，明人陈汝元《金莲记·寄生草》有"屙屎撒溺玄中窍"之句。"王婆婆故事多"出自平书、小说、传奇，"妪多王婆"，故有此语。"苗条"为窈窕的俗字，元曲常用，《西厢记》中有"苗条一团儿是娇"。古人谓"坐而假寐曰瞌睡，谓头颠撞如磕也"，《牡丹亭》有"为甚瞌睡在此"之句。古人谓不走运为"背时"，宋代常用此语。古人谓"生忿曰怄气"，《三元记》中有"教人气怄难生受"之句。贵阳人把儿童捉迷藏的游戏称为"蒙猫猫"，即《僧了尘集》四字联中的"蒙猫猫迷"，"迷"即捉也，蒙着眼睛唱："猫猫迷，董董场，放出猫儿拿耗娘。"或唱："蒙猫猫，拿耗子，拿得到吃猫饭，拿不到吃猫屎。"

也许是风土人情的缘故，许多常见名词，贵州话大不同。譬如人体的器官，贵州话称身体为"身子"，头为"脑壳"或"脑袋瓜"，脖子为"颈根"，额头为"脑眉心"，脸为"脸包"，眼球为"眼睛珠"，眼睫毛为"眼杂毛"，嘴为"嘴巴"，舌为"舌头"，下颚为"下巴"，胳膊为"手膀子"，肘为"手倒拐"，拳头为"砣砣"、"锭子"、"手锤子"，手掌为"手板"，手指为"拇指"，肋骨为"肋巴骨"，肚子为"肚皮"，乳房为"咪咪"、"奶奶"，大腿为"大把腿"，脚为"脚杆"，小腿为"连包肚"，膝盖为"髁膝头"，如此等等。称小麦为"麦子"，大麦为"老麦"，稻子为"谷子"，玉米为"苞谷"、"玉麦"，大豆为"黄豆"，马铃薯为"洋芋"、"土豆"，番薯为"红苕"、"白苕"、"地萝卜"，南瓜为"荒瓜"，番茄为"毛辣角"、"洋海椒"，辣椒为"辣角"、"海椒"，鱼腥草为"折耳根"，向日葵为"葵花"，栗子大的称"板栗"，小的称"毛栗"，野蒜称"苦蒜"等等。老头称"老者"，小孩称"娃娃"、"小崽"，女孩称"姑娘"、"妹仔"，懒汉称"懒猪"、"懒鬼"，土匪称"棒老二"，小偷称"贼"、"偷儿"，流氓称"烂崽"，乞丐称"叫花子"、"拿抓"，诸如此类，不胜枚举。

也许是一种智慧，能把一些"说不清，道不明"的事表达得生动、贴切，令人回味无穷。譬如，用"裹搅"一词表达纠缠不清，用"弯酸"表达做事不爽快，用"牵翻"表达调皮，用"门槛猴"表达见不得大场面，用"人来疯"表示小孩子见客人来了就耍赖，用"孤拐"表达暗中设计谋整人，用"毛焦火辣"表达焦急烦躁的心态，用"麻敷"表达蒙骗等等。有些词语很形象，给人很深的印象，例如"拿起脚就走"，把牙齿外突的嘴形叫"苞谷嘴"，把常流鼻涕的人叫"鼻涕龙"，把老是教不好的人叫"白胆猪"，把突然发作的举动叫做"发羊痫疯"，把巴结讨好叫"舔肥"，把鬼点子多的人叫"烂肚皮"……有些词语暗含人生哲理，如"鸡多不下蛋，人多就懒"，"君子动口说，牛马动蹄脚"，"人穷怪屋基，饭㞎怪箅箕"，"人生三节草，不知哪节好"，"出门看天色，进门看脸色"，"心中无冷病，哪怕吃西瓜"，"有心开饭馆，哪怕大肚汉"，"不是乌骨鸡，墨都染不黑；要是乌骨鸡，洗都洗不白"，还有"屎胀挖茅厮"、"公鸡厮屎头节硬"、"豆腐盘成肉价钱"、"久走黑路要闯鬼"、"鸭子死了嘴壳硬"等等。或许是受四川话的影响，"斩圆子"的话特别多。如"三十夜的公鸡——命不长"，"天上落豆渣——捡了大便宜"，"叫花子玩鹦哥——苦中作乐"，"半空中挂口袋——装疯（风）"，"光屁股坐田坎——夹凝（泥）心重"，"老妈妈纺棉花——一手一手来"，"米汤泡饭——还原"，"两个汤圆下锅——

二冲二冲"，"坛子里头捉乌龟——手到擒来"，"鸡脚神戴眼镜——人不像人，鬼不像鬼"，"肉包子打狗——有去无回"，"茶壶里煮汤圆——有货倒不出"，"歪嘴婆娘照镜子——当面丢丑"，"耗子钻风箱——两头受气"，"耗子爬秤钩——自称自"，"猫猫抓糍粑——脱不了爪爪"，"癞蛤蟆打呵欠——口气不小"，"四季豆米——不进油盐"，诸如此类的歇后语，虽然听去有些土俗，但比喻恰当，一语中的，记得住，传得开，语言生动活泼，颇有乡土气息，有很强的生命力。

贵州方言在语法上与普通话差异不大，但词法、句法、虚词有自己的特点。构词的重叠结构相当频繁。名词重叠如"刀刀"、"盆盆"、"坛坛"、"罐罐"、"汤汤"、"水水"、"刷刷"、"筛筛"、"刮刮"、"尖尖"、"凹凹"、"弯弯"、"曲曲"，三字格形式的如"起申申"、"光胴胴"、"犟拐拐"，复数常用"些"，如"娃儿些"、"老者些"等。动词的重叠，如"一跳一跳的"、"要哭要哭的"、"歪起歪起的"、"鬼喊鬼喊的"、"干扯干扯的"，还有"坐到坐到就睡着了"、"走啊走啊就到家"之类。形容词的重叠形态常用四字格，表示颜色的如"红彤彤的"、"白生生的"、"绿油油的"、"黑漆漆的"、"灰普普的"；形容人的如"蛮楚楚的"、"神撮撮的"、"皮扯扯的"、"洋崴崴的"、"脏兮兮的"；表性状的如"烂朽朽的"、"新崭崭的"、"长甩甩的"、"硬邦邦的"、"甜蜜蜜的"。还有些比较特殊的重叠方式，如"矮胖（māng）矮胖的"、"酸臭酸臭的"、"二昏二昏的"、"倒大不小的"、"倒公不母的"、"倒憨不痴的"、"笨头笨脑的"、"怪眉怪眼的"、"花眉花眼的"、"死眉烂眼的"、"瞎眉瞎眼的"、"花口花嘴的"，等等。

语气通过语境、语音最能感受方言的特色，贵州话的语气特点突出，数量多，往往是一词多用。贵阳话常用的语气有嘛、罗嘛、罗喽、喽嘛、舍、哈、倒、的话、的些、么、得、啊、呵、哦、嘞、的、了、嗅、呢、下、参等。遵义话有沙、嘎、嘎哇、嘎嘛、够、咯、嗝、也、耶、哇、蜗、么、得、来等。都匀话有讲、嚯、呐、啊些、那些呢、来去、罢了等。锦屏话有嘎、啊、呵、嘞、嗝、噢、呃等。通过这些特有的语气词，大体就可分辨是哪里的话，譬如贵阳人用"哈"来表达和缓的语气，"是他哈，不是我"是申辩，"过年来玩哈"是邀请，"这房子是新盖的哈"

是揣测，"看到你哈，就像看到你妈一样"是表达亲切。遵义人说"沙"，"娃儿家要听话沙"是一种劝说的语气，"我看不到，拿过来点沙"是一种要求语气，"去沙，好要得很啦哇？"有嘲讽、责怪之意。都匀人用"讲"来作强调，如"讲他出去老是没爱关门"，用"呐"来表指责，如"早的时候忙玩，天黑才来赶作业呐！"同是表请求，贵阳人说："走喽嘛。"遵义人说："我要跟你一路去嗝！"同是反问，贵阳人说："他都不怕，还怕你么？"遵义人说："他都不怕，还怕你嗝？"同是陈述一件事，贵阳人说："饿了就吃罗嘛。"遵义人说："饿了就吃嗝。"总之从语气的运用上，可以感知方言的差别。

　　语气词往往一词多义，在不同的语境、语意下表达不同的意思和口气。例如"嘛"，用于陈述句末借以加强肯定语气的，如："我是去过的嘛，不信你去问他。"用于疑问句末则有追问、反问的意思，如："你走哪里去嘛？""这么吵闹，我咋睡得着嘛？"用于祈使句末，表示要求、期待、敦促、劝阻，如："你走慢点嘛！""不要哭嘛！"有时也含有责怪、警告的意思，如："跳嘛，床都跳垮了嘛！""老跟不三不四的人玩嘛，总有一天要倒霉。"还可表示同意、认可，如："走就走嘛，我还怕么？""大就大点嘛，没有什么关系。""咯"用于陈述句末表肯定语气，如："墙要倒了咯，不走远点嘛。"用于祈使句末表达提醒、警告之意，如："娃儿家吃烟不好咯！"用于疑问句末表示不确定的语气，如："这个人我好像看到过咯？"在实际语言中的情况还要复杂得多，语气变化，难以名状。

　　贵州话与南方的吴方言、湘方言、粤方言、闽方言、赣方言、客家方言差别很大，而与汉语的北方方言同属于一个体系。与普通话易于沟通，但语音有差别，词汇不一样。同属川黔滇方言，又与四川话、云南话有所不同，特别是语气词的使用。贵州话内部，黔东南、黔南方言因受少数民族语言影响而与川黔方言有某种差异，在川黔方言中，黔北与黔中又有所不同。这一切都与汉族移民的情况有关，移民的时间、移民的多寡、移民的方式都有影响。

● "农历" 激起千层浪 ●

随着汉族移民的到来，汉文化在贵州传播开来。语言、文字、器物、建筑引起的变化是明显的，很容易被人们察觉，而"农历"产生的影响却是隐形的，它的巨大威力很少有人关注。

"农历"传入贵州的时间虽然没有明确的记载，但明代大力推广

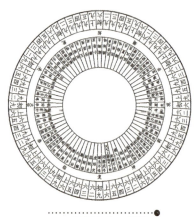

卦气七十二候图

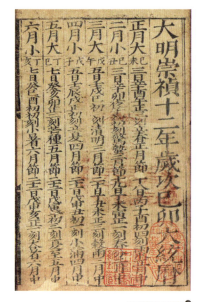

大统历

确是不争的事实。明代每年由钦天监编制一本历书，颁发全国，因是朝廷编印，人们把它称为"皇历"，民间莫不知晓。贵州建省后，各府及宣慰司都设有"阴阳学"的机构，专门负责"占候"，讲"堪舆"（地形风水），测"灾异"（异常天象引起的灾害），推广朝廷颁发的《大统历》。正德年间，贵州总兵、怀柔伯施赞，为了让百姓便于掌握气候的变化，命工匠绘制了一幅《七十二气候图》，还特别请谪贬贵州龙场驿（今修文县城）的王守仁（即王阳明）为之作序。王守仁写道："天地之运，日月之明，寒暑之代谢，气化人物之生息始终，尽于此矣！"指明日月运行，寒暑交替，气候变化，对人的"生息"有重大关系。1984年，考古工作者在惠水城关附近的明墓中发现了6本《大统历》，年份不同，而且上面写着密密麻麻的字，说明在明代民族地区"农历"已经推广，人们经常翻阅历书，人死后还把它作随葬品。

历法是人类文明发展的重要标志之一，没有历法，人类的生活简直不堪设想。倘若没有历法，人们就没

有明确的时间观念，不知是何年何月，不知春夏秋冬，无法准确记事，甚至连自己多少岁也不知道，只能糊里糊涂地生活。更重要的是，中国的"农历"有一种特殊功能，它把季节更替、物候变化和农事活动紧密结合起来，使农夫知天时而不误农时，自觉而有序地进行农业生产。"农历"使用"干支"纪年纪月纪日，并把它与十二生肖紧密配合，能便捷地推算"甲子"，形象地知道岁月，连目不识丁的人也可以使用。人们可以知道自己的属相、生辰八字，婚丧嫁娶都离不开它。再说，汉族的节日，诸如春节、清明、端午、七夕、中秋、重阳、除夕，都是岁时节令，对贵州各民族的民风民俗有诸多影响。

　　"公历"传入以后，人们习惯把中国传统的历法称之为"阴历"，而将"公历"称为"阳历"。"公历"属"阳历"系统是不错的，但把中国历法说成是"阴历"就不对了，准确地讲，中国的历法应当是"阴阳合历"。"阴历"是以月亮绕地球的周期来计算的，把月亮圆缺一次的时间作为一月，即"朔望月"，而一年为12个月的设定是不准确的。"阳历"是以地球绕太阳旋转一周的时间为一年，称为"回归年"，但大月、小月、平月的设定是人为的。"阴历"的一年只有354天左右，而"阳历"的"回归年"是365天，两者相差11天。中国人的聪明才智，就在于用一个"置闰"的办法，把"阴历"和"阳历"巧妙地结合起来，既考虑到月亮绕地球的周期，又考虑到地球绕太阳的周期，以月圆月缺定月界，以"回归年"定年界，把365天剩余的时间累计起来为"闰月"，"十九年七闰"，完满地解决了阴、阳历的时间差，从而成为"阴阳合历"。过去称中国传统历法为"夏历"，这是因为它起源于夏代，可是，历史上有过30多次改历，影响较大的，有汉代的《太初历》、南北朝的《大明历》、唐代的《戊寅历》、元代的《授时历》、明代的《大统历》、清代的《时宪历》等等，"夏历"二字不足以概括。最能表达中国历法特征的是"农历"，它把寒暑交替、物候变化、农事活动有机地结合在一起，"知天时而得地利"，按"节气"进行农耕，是名副其实的"农历"。汉代的《三统历》，第一次把"二十四节气"订入历法，这是一大创举，使历法能有效地指导农业生产。经过长时期的实践，证明这种历法是科学的、适用的。所以，农历至今仍继续使用，每天的报纸上，在记公元某年某月某日的同时，都注明"农历"几月几日。国家颁发的日历上，都标明"二十四节气"。天气预报，

二十四节气

　　"二十四节气"分别是：正月立春、雨水，二月惊蛰、春分，三月清明、谷雨，四月立夏、小满，五月芒种、夏至，六月小暑、大暑，七月立秋、处暑，八月白露、秋分，九月寒露、霜降，十月立冬、小雪，十一月大雪、冬至，十二月小寒、大寒。"二十四节气"与气候变化息息相关，节气名称就标明了变化的特征。它像是晴雨表，显示降水的动态。立春之后的"雨水"，预告下雨的日子渐渐多了起来，到了清明后的"谷雨"，雨水显著增多，"白露"因气温下降露水渐多，"霜降"已是"白露为霜"了，"小雪"开始降雪，"大雪"已是瑞雪纷飞。它又像是寒暑表，勾画出气温变化的曲线。"清明"天气晴和，风和日丽，"小暑"气温开始升高，而"大暑"便是"赤日炎炎似火烧"；"处暑"以后"七月秋风渐渐凉"，"寒露"已是深秋季节了，"冬至"之后的"小寒"天气渐渐变冷，到了"大寒"已是天寒地冻。它还与物候配合，"惊蛰"以后昆虫苏醒，民间说是"老蛇出洞"，"小满"表示小麦结籽开始饱满，"芒种"开始播种稻谷及其他作物。

也特别介绍"二十四节气"。

　　在"农历"传入贵州以前，贵州各民族使用的都是"自然历法"，其特点是"但候草木以记岁时"，季节的变化全凭人们的直观感觉来做判断，没有严格的推算方法。季节的划分，主要靠物候，如虫鸣鸟语、花开花落、鸟兽出没、草木枯荣等，很难准确划分春、夏、秋、冬。"农历"传入后，从"二十四节气"便可准确判定春夏秋冬。立春、立夏、立秋、立冬称为"四立"，到了"立春"就知道春天已经到来，"立夏"是夏天的开始，"立秋"表明进入秋季，"立冬"则是到了隆冬季节。春分和秋分谓之"二分"，是一年中太阳两次直射赤道的时刻，此时昼夜平分，在仲春（二月）时为"春分"，在仲秋（八月）时为"秋分"。夏至和冬至谓之"二至"，是太阳直射北回归线或南回归线的时间，在北半球，太阳直射北回归线时为"夏至"，直射南回归线时为"冬至"。夏至白天最长，冬至白天最短，夏至以后，白天一天比一天短，故云"夏至至短"；冬至以后，白天一天比一天长，故云"冬至至长"。

　　"农历"的推广，普及了气象知识，深入民心。譬如热天，人们知道"三伏天"最热，大暑之后进入"初伏"，过十来天便进入"中伏"，立秋之后还有"末伏"，这便是人们常说的"秋老虎"。冬至以后开始"数九"，每隔九天为一个阶段，气温由冷变寒，又由寒变暖，于是有了这样的民谚："一九二九，怀中插手；

三九四九，冻死猪狗；五九六九，沿河看柳；七九六十三，路上行人把衣担；九九八十一，庄稼老汉把田犁。"民间常说："二、四、八月乱穿衣。"这是经验之谈，春、秋温差不大，时冷时热，可以穿"春秋衫"，也可穿单衣或夹衣。十月还有个"小阳春"，虽然已经入秋，还

农历物候图

有晴朗的日子。人们知寒暑，掌握气候变化规律，生活自如，该穿什么衣服，做什么事，心中有数，不至于"六月间的斑鸠，不知春秋"，能够有节奏地生活。

　　农业生产受气候的影响很大，风调雨顺则五谷丰登，一遇灾害则饥荒遍地。农业的季节性很强，春耕、秋种、犁田、耙土、施肥、中耕、作物收割都与节气有关。"二十四节气"对农业生产有实际的指导意义，是一份科学而且实用的"农事日程表"，人们按节气妥善安排农事活动，才能确保不误农时。"农历"传入后，无论是汉族或少数民族，越来越多的人知道"二十四节气"，他们结合当地的气候特点和实践经验，编出了许多农谚，借以指导生产，有效地提高农业生产水平。"一年之计在于春"，春天来了，人们过完年就开始准备春耕，"立春后断霜，插柳正相当"。春雨贵如油，"雨水前后，种瓜种豆"。惊蛰是春耕的信号，"过了惊蛰节，耕田不停歇"。春分是个好时节，"春分有雨家家忙，先点瓜豆后插秧"。按时插秧才有好收成，"立夏小满正插秧，秋前秋后遍地黄"。芒种是农忙的日子，"芒种芒种，样样要种"。"夏至栽苕，一窝一瓢"，"夏至不挖蒜，定在泥中烂"。"小暑前，草拔完"，催人中耕。大暑是收割时节，"大暑不收禾，一天脱一箩"。

还有"白露打核桃，秋分下枣梨"，"寒露到立冬，翻地冻死虫"，"寒露霜降，胡豆豌豆把坡上"，"霜降点麦，不消问得"，"冬至萝卜夏至姜"等等。

　　雨水对农耕关系重大，人们凭经验，观云雨。民谚说："云走东，雨落空；云走南，雨成团；云走西，披蓑衣；云走北，有雨也不得。"从云的走向便可知有雨无雨，雨大雨小。抬头一看，"有雨天边亮，无雨顶上光"。听雷声也可知雨，"雷公先唱歌，有雨也不多"。看彩虹也可知晴雨，"东虹日头，西虹雨"。人们还可根据各个节气表现的迹象，预知农业的丰歉，譬如说，"清明要明，谷雨要沐"，若是清明不明，谷雨无雨，收成就不会好。故云"谷雨不雨，麦苗不起"，"立夏不下，犁耙高挂"，"处暑满田黄，家家摘苞谷"，"立秋有雨，秋收有喜"，"小雪飞满天，来岁必丰收"，都是经验之谈，非常灵验。农谚是农家的宝鉴，朗朗上口，生动形象，在农村广为流传，可谓是"家喻户晓，妇孺皆知"。

　　"农历"传入以前，许多少数民族按照"自然历法"，把岁首定在收成的日子，一般在十月，但因各地气候不同，有所变通，大都在"冬三月"，彝年、苗年、布依年等都是如此。使用"农历"后，大都改以正月为岁首，纷纷仿照汉族在春节过年。过年的方式因民族而有不同，但时间都在正月，使春节显得丰富多彩。有的民族过两个年，把原先的年节称为"小年"，而将春节称为"大年"。除夕团聚，元宵玩灯，也成了许多民族共同的节日。许多民族都有祭祖的习俗，汉族清明节踏青上坟的习俗很快与之融合，清明节少数民族上坟的人越来越多。有些民族在吃新节祭祖，受汉族影响，改过"七月半"。端午节本来是纪念诗人屈原投汨罗江的日子，后来不但是汉族，许多少数民族也过端午，吃粽子，采艾叶，划龙船，蔚然成风。"农历"促进了民族文化的交融，改变了民风民俗。

贵州是一个多民族地区，原先大多使用"自然历法"，随着汉族移民大规模到来，"农历"广为传播，在这种特殊的历史背景下，"农历"释放出的能量特别巨大，它使人们有准确的时间观念，知道何年何月何日，它使人们掌握季节更迭的规律，知寒暑而生活自如。"二十四节气"是一份科学、实用的"农事日程表"，使人们知时节而不误农时，有效指导农业生产。掌握"甲子"，熟知"十二生肖"，推算年龄十分方便。汉族的节日都是岁时节令，推而广之，许多民族都过春节、清明、端午、七月半、中秋，改变了民风民俗。想不到，一本小小的"农历"，在贵州竟然产生如此巨大的作用，释放出巨大的能量。

● "王学圣地"在贵州 ●

余秋雨在《王阳明法书集》的序中写道："倘若把中国历史上集大成的哲学家的名单缩小到最低限度，也一定少不了王阳明（守仁）的名字，由于他的哲学思想高超、警策、简明，又由于他的人生经历曲折、奇特、宏富，他在中国文化领域的知名度是其他哲学家无法比拟的。"儒家学说，发展到宋明理学，树起一座高峰，比之汉唐经学在理论思辨方面达到了一个更高水平，而王阳明的学说则是儒家学说的最后一个高峰，成为近代启蒙思想的先导。俯仰古今，儒家学说不断的

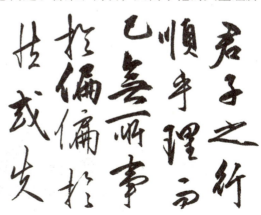

王守仁《矫亭说》（局部）

王守仁

发展，继孔子、孟子之后，荀子、董仲舒、朱熹、王阳明均堪称一代宗师，各开启一个新的阶段。

王阳明（1472~1529），名守仁，字伯安，浙江余姚人，学者称之为"阳明先生"。王阳明的学说，不是产生于繁华的京城，也不是产生于他那"鱼米之乡"的故乡，而是产生于苍山如海的贵州。"天下之山，萃于云贵；连亘万里，际天无极"。这是王阳明在《重修月潭寺公馆记》中赞誉贵州山势磅礴的一段精彩的话。天下的王学，无论是浙中、江右、泰州、南中、楚中、北方、闽粤诸学派，抑或是日本的阳明学、朝鲜的实学以及海外的王学，寻根溯源，都以贵州为其源头，视贵州为"王学圣地"。正如日本学者冈田武彦夫教授所说："贵州是阳明的良知之学的诞生地，修文的龙场是王阳明大彻大悟并形成思想体系的圣地。"其之所以为"圣地"，是因为贵州是王阳明学说发端的地方，"龙场悟道"奠定了王学的基石，他的开山之作《五经臆说》是在贵州写成的，从而构建起"心即理"、"知

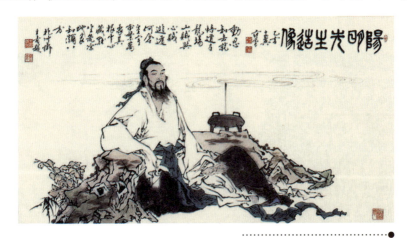

范曾画的王阳明先生像

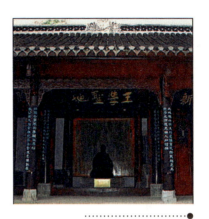

贵阳阳明祠王阳明朝服像　　　　　　　　　王文成公祠正殿

行合一"、"致良知"的理论体系。王阳明学说的传播主要是通过自由讲学的书院，他创办的第一所书院就是修文的龙岗书院，《教条示龙场诸生》和《龙场生问答》基本确立了他的教育思想，往后濂溪书院、稽山书院、阳明书院都遵循这一教育原则。他在贵阳文明书院首讲"知行合一"，"士类感慕者云集听讲，居民环聚而观者如堵焉"，贵阳成为最早传习王学的地方。龙场悟道，贵阳传道，王学从此传遍天下。他一生写了许多文章，被收入《古文观止》作范文的有三篇，其中，《瘗旅文》和《象祠记》就是在贵州写的。他的诗作，最有真情实感的莫过于在贵州写的《居夷诗》。

　　明朝弘治、正德年间，政治黑暗，宦官专权，宦官刘瑾权倾朝野，专横跋扈，陷害忠良。正德元年（1506 年），武宗皇帝刚登上宝座，朝臣戴铣、薄彦微等上疏弹劾刘瑾，昏庸的武宗竟将戴、薄等一干人逮捕法办。此事在京城引起很大震动，时任兵部主事的王守仁，愤慨之下，挥笔写了为戴铣等鸣不平的奏章，言辞甚激烈，激怒了皇帝。此事惹下了一场大祸，皇帝下令将王守仁在朝廷上当众责打 40 杖，然后发配到贵州，贬为龙场驿丞，做一名负责接待过往官员的小吏。次年夏天王守仁由北京启程，先回到他的老家浙江余姚。刘瑾派人跟踪监视，王自知难脱身，佯作投水自尽，乘机登上一艘商船。不料，船遭到暴风袭击，随风漂流到福建，王守仁上岸后又回到余姚，然后过江西、穿湖广，周折了半年多，于正德三年（1508 年）春来到贵州。龙场在贵阳西北的万山丛中，一片荒凉。他由繁华的京城来到这里，

修文王阳明塑像

阳明先生遗爱处

举目无亲，言语不通，心境自是孤独、苦闷、寂寞、彷徨，悲愤忧思无法排解，终夜不能入眠，起而仰天长叹，悲歌以抒情怀。歌云："烟灯暖无家，忧思坐长住。寒风振乔林，叶落闻窗响。"又云，"但闻清猿啼，时见皓鹤翻。中有避世主，冥寂栖其巅。"诗不能解闷，复调越曲；曲不能解闷，乃杂以诙笑。那时刘谨势大，自知无处申冤，喊天天不应，叫地地不灵，万念俱灰，荣辱得失置之度外，唯有生死一念未曾了却，于是对石磴自誓："吾惟俟命而已。"

正德四年（1509 年）秋，有吏目从京来，携带一子一仆，路过龙场，不幸死于蜈蚣坡下。暴尸荒野，甚是可怜，王阳明悯然泪下，令童子以土将其尸掩埋，人称"三人坟"。王阳明见此惨状，触目惊心，想到自身的处境，更是百感交集，于是悲歌："连峰际天兮，飞鸟不通；游子怀乡兮，莫知西东；莫知西东兮，惟则天同；异域殊方兮，环海之中。"激情所致，一气呵成，写下了荡气回肠的《瘗旅文》，哀吏目客死他乡的悲凉，叹自己落魄龙场之不幸，抒发忧郁愤怒之情怀，如泣如诉，句句是泪，字字是血，读者莫不黯然垂泪。

处于逆境之中，读司马迁《报任安书》，不觉泪下，"文王拘而演《周易》"给他很大启发，他在驿站边寻得小孤山下的一个岩洞，终日默坐其间，反复玩味《周易》。起初一无所得，"仰而思焉，俯而疑焉"，"茫乎其无所指"。继而思索再三，悟出了"知行合一"的道理，感知"天理"与"良心"

相通，豁然开朗，"充然其喜焉，油然其春生焉"，创立了"心即理"的学说，遂将岩洞取名"玩易窝"，并作《玩易窝记》以述其心境的转变。他终于站立起来，面对惨淡的人生，重新审视程朱理学，因"书卷不可携"，但凭自己的理解去领悟孔孟之道。这一改变，使他摆脱了世间凡俗，跳出了"以经解经"的窠臼，独立思考，于是著《五经臆说》，强调"不必尽合于先贤"，旨在"聊写之胸臆之见"，以此为立说之基。

　　他针对程朱理学坐而论道、口是心非、言行不一的弊端，提出了"知行合一"。他说："知是行的主意，行是知的功夫。知是行之始，行是知之成。"意思是说，行总是受着某种意识支配，只有通过行动才能实现心中的打算，产生某种念头只是行的开始，把它贯彻在行动中才能完成这一认识过程，"哑子吃苦瓜，与你说不得；你要知此苦，还须你自吃。"他反对把"知"与"行"截然分成两件事，认为知行"合一并进"才能获得真知，才能有正确的行动。倘若无知，"懵懵然任意去做，必然是'冥行妄为'"，做错了也不知道。倘若"茫茫然悬空去思索"，不肯着实躬行，结果必然是"终身不知"。这一学说，击中了程朱理学的要害，开启一代新风。梁启超在《中国近三百年学术史》中写道："阳明是一豪杰之士，他的学术，像打药针一般，令人兴奋，所以能做五百年的结束。"

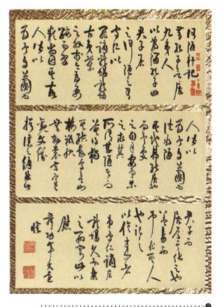

　　初到龙场，无依无靠，自取柴薪，汲水做饭，心乱如麻，恍恍惚惚不可终日。居住既久，夷人父老常来与之亲昵，见其居室破烂不堪，于心不忍，遂"伐木为材"，七手八脚地为他构筑新居。居室虽然简陋，但可避风雨，王阳明心中自是高兴，乐在其中，喟然而叹："君子居之，何陋之有？"于是题额为"何陋轩"，作《何陋轩记》

王阳明手迹《何陋轩记》局部

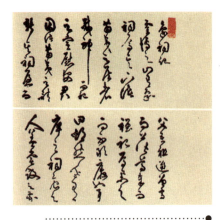
王阳明手迹《象祠记》局部

以自慰。人情冷暖，世态炎凉，在王阳明落难的日子，势利小人落井下石，某官派人到龙场百般刁难，侮辱阳明先生，此事激怒了当地夷民，拔刀相助，将肇事者痛打一顿，然后赶出龙场。贵州宣慰使安贵荣（彝族），久闻王阳明先生大名，甚为景仰，常派人馈赠米、肉、鸡、鸭，又"重以金帛鞍马"，与王阳明成莫逆之交。龙场人民对他的无私援助，使他的心灵受到很大震动，深感夷民最可宝贵的就是纯朴、善良，他们有如"未墢之璞，木绳之木"，虽然其俗尚陋，但"无损于其质"。他认为"良知，心之本体，即所谓性善也"，也就是孟子所说的"恻隐之心"、"羞恶之心"、"恭敬之心"、"是非之心"。用他的话来说，就是"知善知恶是良知，为善去恶是格物"。他在《象祠记》中，谈到象初"不仁"，作恶多端，后经舜感化，改恶从善，认为"使知人不善，虽若象焉，犹可以改；而君子之修德，及其至也，虽若象之不仁，而犹可以化之"，坚信"人性之善，天下无不可化之"。

贵州是王阳明绝处逢生的地方，使他渡过了人生的难关，给他以新生的力量和奋斗的勇气，给予"悟道"的灵感，悟出了"心即理"、"知行合一"、"致良知"，构建起他的哲学体系。贵州成就了王阳明，一个光辉的思想在此诞生。王阳明发挥了儒家学说的精要，与"正统"的程朱理学分庭抗礼。王阳明敢于"离经叛道"，毫不掩饰他的学说是"异端曲说"。他给儒学注入生命的活力，创立新说，张扬个性，倡导独立思考，著实践履，倡导一种不受封建礼教羁绊的"狂者胸次"，敢为人先，敢于进取，敢于创新。他强调"圣人之心"可与"凡夫俗子之心"相通，"人人皆可为圣人"，具有平民色彩和某种民主意识。

学术有成，于是聚徒讲学，在龙场创立龙岗书院，受贵州提学副使席书之聘主讲贵阳文明书院。他把哲学思想与教育结合起来，以"立志"、"勤学"、"改过"、"责善"八字方针概括了他的教育理念、教育原则和教育方法，开启了自由讲学、独立思考、教学相长的新风。

王阳明对此感到欣慰，心境由悲凉转为喜悦，写了《诸生来龙岗》、《与龙岗诸生夜坐》、《春日花间集示门生》等诗，诗中写道："闲来聊以二三子，单来初成行暮春。改课讲题非我事，研机悟道是何人？阶前细草雨还碧，檐下小桃晴更新。坐起咏歌俱实学，毫厘须遗从教真。"他的首批弟子就在贵州，他在《镇远旅邸书札》中提到陈宗鲁、汤伯元、叶子苍等16人，其余学生"未能尽列"。

王阳明在龙场首创龙岗书院，重教兴文，"修文"之名由此而得。他所修的不仅是一地之文，而且是全省之文，影响极为深远。在此之前，贵州只有3所书院。而此后的书院多达20余所，许多书院都以龙岗书院、文明书院为楷模，传承王阳明的学说和教育思想，如贵阳的阳明书院、正学书院、渔矶书院，思南的为仁书院，都匀的南皋书院，清平（今凯里）的学孔书院和山甫书院等等。在全国书院日益"官学化"的情况下，贵州的书院独树一帜，仍继续发扬自由讲学之风。王阳明学说在贵州日渐传播，形成"黔中王学"，孙应鳌主张"以仁为宗"、"用世为本"，李谓主张"学贵修行"，马廷锡提倡"静坐"、"反观"，继承王阳明"鼎革创新"的精神，对后世的影响极为深远。

王阳明在贵州三个年头，于正德五年（1510年）离开贵州。他与贵州宣慰使安贵荣友谊深厚，三次致书安贵荣守土安民，并受安贵荣之托，有感而作《象祠记》。万历年间，安贵荣之裔，贵州宣慰使安国亨在阳明洞崖壁上题有一首怀念阳明先生的诗，感慨之余，又在洞口崖上大书"阳明先生遗爱处"七字。"遗爱"二字，寄有深情，它是深切的爱，无限

君子亭

的爱，永恒的爱。贵州人民对阳明先生爱之切，情之深，立祠以祀。嘉靖十三年（1551年），巡抚贵州监察御史赵锦在龙岗书院旧址建阳明祠，乾隆年间改名王文成公祠。就在这一年，巡抚监察御史王杏，又在贵阳白云庵建阳明祠，于嘉庆十九年（1814年）将阳明祠迁往扶风山麓。贵阳城东的君子亭，实因纪念王阳明而建。许多地名都因王阳明而起，如修文县、龙场镇、阳明洞、阳明祠、阳明路、王守仁路、阳明广场等等。王阳明恩泽贵州，贵州人民永志不忘。

● 别 开 生 面 的 地 戏 ●

随着经济全球化和现代化进程的加快，文化生态正在发生巨大变化，许多传统的地方剧种面临着消失的危险，就连近代传入的话剧、歌剧、舞剧也日趋衰落，而贵州的地戏却依然在民间传承，这简直是天大的奇迹。1986年9月，安顺蔡官村的农民地戏团应邀参加法国第15届秋季艺术节，与上海的越剧、江苏的昆剧、苏州评弹、北京木偶戏和成都茶馆演唱，一同登上"世界艺术之都"的国际大舞台。之后

屯堡地戏

地戏团又参加了在西班牙首都马德里的第 2 届艺术节，在欧洲演出 15
场，观众 6 000 人次。在此期间，安顺旧州、陶官、杨家桥、东屯、吴
屯等村寨的 250 面地戏面具，在巴黎郭安博物馆展出 40 天，参观者络
绎不绝。这次演出和展览，在欧洲引起轰动，《欧洲时报》以《戏剧
史上的活化石登上巴黎舞台，贵州农民地戏首演成功》为题发表文章，
高度赞扬它的艺术风格和特点。

　　地戏以天为幕，以地为台，"地戏"之名，想必是因为它的演出，
不是在戏台上，而是在平地上的缘故。这种古老的民间戏剧，演员都
戴着假面具，表示此时此刻，不再是"我"，而是"神"的化身。因
为是在平地上演出，观众站在高处俯瞰，若是把面具戴在脸上，只能
看到演员的头顶，反而看不清面目，于是便把面具戴在额头上。再说，
如果用面具将脸罩着，挡住了嘴，在空旷的地方演出，放不开声音，
说唱的效果就会受到很大的影响，甚至不清楚。面具高悬额头，又不
能让人看见演员的脸，只好用一块青纱将脸遮住，演员透过青纱向外
张望，青纱下发出阵阵喊声、杀声和唱声，使人感到古朴、粗犷而又
神秘。

　　地戏流行于清镇、平坝、西秀区、镇宁一带的"屯堡人"中，他

地戏演出

们大都是明代屯军的后裔。明嘉靖《贵州通志》记载："除夕到处燃放爆竹以驱山魈、水怪，使邪不犯于人。迎春则张灯结彩，鼓乐敬神，以验岁丰歉，人之吉凶。"清康熙《贵州通志》说"土人所在多有之，盖历代之遗民也。在广顺、新贵、新添者，与军民通婚，岁时礼节皆同。男子间贸易，妇人力耕作，种植时田歌相答，哀怨殊可听。岁首迎山魈，逐村屯以为傩，男子妆饰如社火，击鼓以唱神歌，所至之家皆饮食之"，并附有一幅《土人驱鬼图画》。清乾隆《贵州通志》在《蛮洞竹枝词》的注中写道："土人岁首跳神以为乐，所唱杨家将，有六郎、八郎之称。"这些志书中所说的"土人"，"与军民通婚"、"男子间贸易，妇人力耕作"，从图画和习俗来看，正是清镇、平坝、西秀区、镇宁一带的"屯堡人"。

　　《土人驱鬼图画》中已可看到地戏的场面，有两员武将持大刀对阵，以一鼓一锣伴奏，周围有许多人看戏，与现在我们看到的情景差不多。乾隆年间彩绘的《百苗图》中，有一幅《土人图》，装束、相貌与"屯堡人"相似，一手拿武器，一手拿着面具，并注明"岁首扮傩，击鼓以唱神歌"。清道光《安平县志·风土志》记载："土人所在多

《百苗图》之"土人图"

有，县属西堡尤盛。相传为洪武时屯军之眷属亲戚，与屯军先后至者，因居日久，故曰土人，一曰旧人。……元宵遍张鼓乐，灯火爆竹，扮演故事，有龙灯、狮子灯、地戏之乐。"《续安顺府志·民生志》的记载更为详细："迄今安顺境内，盛行不衰。时当正月，跳神之村寨，锣鼓喧天，极为热闹。……所唱戏文，或为东周列国故事，或取自《封神演义》、《汉书》、《三国》，或为《仁贵征东》、《丁山征西》、《狄青平南》、《说唐》、《杨家将》，都属武戏。"

地戏源于古老的"傩祭"，它源于原始的宗教祭祀，以巫术形式"驱鬼逐疫，祈求人寿年丰，六畜兴旺，五谷丰登"。"傩"是我国古代普遍的民俗信仰，有宫廷傩、民间傩、寺院傩、军傩等形式，地戏大概就是由军傩演变而来，流行于屯军之中，屯军"平时为农，战时为兵"，具有双重身份。作为农民，驱鬼逐疫，祈求人畜平安、农业丰收是普通的心理，而作为军人则有更加复杂的心态。因为军队常处于作战状态之中，出征生死难料，所以临战前总要祭祀，求神灵保佑能战胜归来。军人祭傩还有一种特殊的意义，以鬼神的威力震慑敌人，使敌人闻风丧胆，在锣鼓喧天的气氛中扮演傩神，借以振奋军威，鼓舞士气。正是这种原因，地戏都以"战事"为主题，演的都是武戏，而没有才子佳人、风花雪月之类的文戏。地戏的剧目，有《封神演义》、《东周列国》、《楚汉相争》、《三国》、《四马投唐》、《罗通扫北》、《薛仁贵征东》、《薛丁山征西》、《薛刚反唐》、《郭子仪征西》、《杨家将》、《五虎平西》、《五虎平南》、《岳飞传》等等。

宣扬的都是历史上的英雄人物，以他们为榜样，培养"尚武"精神。在这些戏中，突出战争的胜利，而将失败的情节省略，譬如演关云长宣扬的是他的"神武"，而删去"败走麦城"的事；演岳飞大破金兵，而不演风波亭遇害，目的在于鼓舞军心，反映军人希望胜利的心理，忌讳战争失败。

地戏以说唱形式叙事，故事情节通过唱词、说白、武打动作表现出来，少有抒情和心理描写。唱词一般为七言韵文，调兵遣将时使用语气急促的十字腔，唱词分上、下句，演员唱上句及下句的前四字，合唱者吟唱下句的最后三字，唱腔高亢、雄浑，表现英雄气概，帮腔近乎当地的薅秧歌。因为是在空旷的平地上演出，要让观众能听得见，

声调就要高，而且同一调式多次重复。说白用的是半文半白的屯堡话，
质朴、俚俗，接近口语，浸透民间说唱文学的泥土芳香，便于演员掌
握，也适合当地民众的口味。表演动作以武打为主，有"披刀在手"、
"双手握球"、"双手握拳"、"刺四门"、"打背仓"、"刺喉咙"、
"单比棍"、"双棍"、"板野鸡毛"、"理三刀"、"围城刀"、"大
砍三刀"、"马上举刀"、"拖刀"、"鸡公打架"、"童子拜观音"
等招式。伴奏仅用一锣一鼓，这与军旅鸣金击鼓有关，鼓点与唱腔和
武打动作相配合，有"传十字"、"催战鼓"、"行军鼓"、"聚将鼓"、"咏
诗鼓"等打法。鼓点随着剧情的发展，时而如疾风骤雨，时而如雨过天晴，
一张一弛，快慢有致，富有军乐感和战斗气氛。

　　地戏的角色分文将、武将、老将、少将、女将，还有道人、丑角、
小军及动物，以武将为主角。演员都是男子，女将、丫环、小姐都是
由男子装扮。道人是个专门的行当，有铁板道人、飞钵道人、鸡嘴道人、
鱼嘴道人、乌龟道人、水牛道人等名目，法力无边，有出奇制胜之功，
对剧情的发展有重要作用。丑角称为"老歪"，滑稽可笑，插科打诨，
台词和动作凭演员临场发挥，借以增加欢乐气氛。小军由小孩扮演，

地戏表演

出场机会多而简单，随意性很大。剧中动物，如白虎、呼雷豹、赤兔马等，也由人扮演。演员在场穿的都是屯堡人寻常的服装，没有专门的戏服。人物的身份、品质和性格，主要是用面具来表现，所以角色变换必须更换面具。

地戏演出都使用面具，称为"脸子"。但地戏面具与傩戏面具显然不同，造型不像傩戏那样狰狞古怪，似人非人，非人非兽。地戏的面具偏重于写实，面部及眼、耳、口、鼻的比例，大致与人面相当，造型与人面相似，但又不完全刻得像真人，在"似与不似"之间显示"神面"。它用丁香木、白杨木雕刻而成，面部、帽盔和耳朵三者联在一起，因为是戴在头额上，不开眼孔、鼻孔和口腔。它以雕刻的形状、使用的颜色和装饰来表现人物的身份、性格和品性善恶，类似于京剧脸谱。面部基本上按"五色相"进行分类，即分为文将、武将、老将、少将、女将五类脸谱，着力于五官的雕刻，以眉和眼来表达神情，通过口形变化显示笑貌，区分正面和反面人物。

地戏面具

如男将"额饱腮圆，竖眉眼睁，宽鼻咬牙"，女将和少将则"面部平和，肌肉丰满，眉清目秀"，通过面部刻画表现人物特征。道人脸子颇为怪异，头戴道帽，脸似动物，唯有一双人眼。丑角面具刻画出嬉皮笑脸、眼斜嘴歪的形象，颇有嘲讽意味。小军是一副娃娃脸，常带笑容。土地、老者、和尚，给人以忠厚善良之感。动物脸子各具形态，体现精灵之感。

面具的雕刻尤重眉眼和嘴形，雕眉有"少将一枝箭，女将一条线，武将如烈焰"之说，嘴形则有"天包地"与"地包天"之分，以上齿紧咬下齿，露出两个獠牙的"天包地"显示凶悍，以下齿向上的"地包天"则显示刚直、威严。头盔头帽是人物身份的重要标志，有如意盔、尖盔、状元盔、龙盔、龙凤盔、盘龙尖盔、盘龙平盔、凤翅盔等多种刻法，在盔上加饰大鹏、白虎、双龙、双凤、小头人等。色彩的使用与京剧脸谱相似，正面人物色彩纯正，反面人物色彩杂驳，以不同的色调表现各种人物形象，如关羽用红脸表忠勇果敢，张飞用黑脸表刚直性烈，曹操用粉脸表阴险奸诈，岳飞用白脸表忠义正直等等。地戏使用的面具很多，每堂戏都有若干面具，根据戏中人物多寡而有不同，少则十多面，多则百面，造型与色彩各异。

地戏活动，由"开财门"、"打开场"、"跳神"（演故事）和"扫收场"四个部分组成。"开财门"第一天举行，上庙祭神之后迎请"脸子"，演员戴上面具随主祭列队行进，沿村寨大门、水井、山林、河流点香烛、烧纸，燃放鞭炮，主祭念诵逐疫诗文，接神进村，带来吉祥。"打开场"在演出场地进行，由两个红脸小童边舞边唱，用开场诗文引出剧中人物，表示正戏即将开始。"跳神"即演绎历史故事，开演时，演员站在场地边缘，亮相之后，起舞自报家门，在锣鼓声中演出地戏。演出结束后，由道士、土地进行"扫收场"仪式，主要内容是驱鬼逐疫，庆吉平安，预祝来年大吉大利，兴旺发达。

地戏是经过长期演变才在"屯堡人"中形成的。说它源于军傩并不错，戴面具"驱鬼逐疫"正是"傩"最鲜明的特征，在地戏演出活动中的"开财门"、"打开场"、"跳神"、"扫收场"等仪式也证明它确实出于"傩祭"，戏剧以"战争"为主题，专演武将，颂扬英雄人物等更有力地说明这种戏剧产生于军旅生活之中。但军傩并不等于地戏，这就是说，地戏与卫所并不是同步出现的。它最初只是一种"驱山魈、水怪，使邪不犯人"的"傩祭"活动，后来演变为"击鼓以唱神歌"的祭"傩"活动，大约在明末清初才以戏剧的方式出现。这与整个历史背景相符，明代中叶，卫所制度逐渐废弛，屯军大量逃散，而在清康熙年间"裁卫并县"，屯军演变为"土人"。正如清康熙《贵州通志》所说："土人所在多有之，盖历代之遗民也。在广顺、新贵、新添者，与军民通婚，岁时礼节皆同。"恰好，广顺设州，新贵、贵定设县都是明代晚期万历年间的事。

"逐村屯以为乐，男子妆饰如社火，击鼓以唱神歌"是清康熙年间的事，此时已不再是明代屯军，而是"土人"了，故附有《土人驱鬼图画》。清乾隆《贵州通志》所说"土人岁首跳神以为乐，所唱杨家将，有六郎、七郎、八郎"，已具有戏剧的特征，而清道光《安平县志》则明确提到"地戏"。此时卫所早已不存，而屯军的后裔仍在，在清代地方戏广泛发展的情况下，地戏渐渐定型。对此，《续安顺府志》写道："当草莱开辟之后，多习于安逸，积之既久，武备渐废，太平岂能长久，识者忧之，于是乃有跳神之举，迨借以演习武事，不使生疏，含有寓兵于农之深意。"这就是说，屯军变为"土人"之后，以农业为生，在和平的环境里，以地戏的演出保留着历史的记忆，并以农业生产紧密结合起来，演出时间一般都在春节期间。随着环境的变迁，地戏"娱神"的成分减弱，而"娱人"的成分增多，更接近于民间的"社戏"。在这种情况下，地戏移植大量剧目，面具近乎京剧脸谱，也就成了自然而然的事。

傩祭在古代极为盛行，遍及全国各地，但随着时间的流逝，在黄河两岸、大江南北，这种习尚渐渐消失，而在贵州却长期延续下来，贵州的"傩堂戏"、"阳戏"、"地戏"都是这种古老文化的遗存。"屯堡人"是明代屯军的后裔，因为屯军是一种军事化的集团性移民，传统文化易在内部传承，而地戏适应着这种"且耕且战"移民集团的特殊心态，延续至今，成为"戏剧的活化石"。在许多屯堡村寨，如今还有许多地戏班子，都是由当地农民自发组成，其传承方式，一种是在家族中父子相传，另一种是师徒相传，以戏师为中心，以广大的民众为受众，在传承地戏的同时，传承地戏面具的工艺。因为各地传承和演变不同，形成多种艺术风格，著名的如黄炳荣派、周官屯派、西屯齐二派、双堡罗姓派、下堰吴氏派等。地戏长期延续，在 21 世纪的今天依然存活，这一奇迹对我们研究非物质文化遗产的保护，具有重大意义。地戏独树一帜，别开生面，古老、粗犷而又神秘，不仅在中国，而且在世界都是绝无仅有的。地戏虽然已成为贵州旅游的一个热点，但还必须创新，在保持传统风格和特点的原则下创造更多精品，以适应现代社会的精神需求，适合多元文化发展的需要。

● 僻静沙滩竟成全国知名的文化区 ●

　　抗日战争期间，浙江大学迁到遵义、湄潭，学者们亲临沙滩考察，惊讶地发出感叹："沙滩不唯是播东名胜，有清中叶曾为一全国知名的文化区。"沙滩名声在外，而地方却很小，只是在遵义县属的一个僻静村落。然而，在清代乾隆、嘉庆以后百余年间，文化蒸蒸日上，竟成了大儒之乡、诗文之乡、书法之乡、全国知名的文化区。出现了郑珍、莫友芝、黎庶昌这些了不起的人物，还形成一个冠冕全贵州的文人群体，想不到，在黔北山中的一个小村庄，竟会放射出如此的奇光异彩。

　　沙滩是遵义县新舟镇的一个不大的村庄，坐落在清澈的乐安江畔。沿着江边的小径走去，便看见前面的那座山冈，古柏荫翳，藤蔓缠绕，崖下碧波回为深潭，在丛林掩映的地方，从前有一古刹，原名沙滩寺，后因佛教临济宗破山大师的高足丈雪通醉在此开法，取"遏人心之江河，有如禹之随山排决"之意，更名禹门寺，被称为"第一清净土"。暮鼓晨钟，引来无数禅和诸子，引来许多高人韵士。过了禹门山，只见平畴一片，缘水逶迤，层峦环秀，乔木幽篁四时苍翠，墟落上飘起炊烟，这便是闻名遐迩的沙滩。遥想当年，黎氏一族，聚居于此，与邻近的郑、莫两家，朝暮往还。井灶数十，东犬西吠，篱舍交错，书声琅琅。

　　在乐安江东岸的子午山麓，安葬着一个文化名人，墓碑上刻着"郑珍君之墓"。躺在这里的，是一位淡泊人生而学识渊博的文化巨人，他是一代经学大师，是深究《说文解字》的巨擘，是桐城派后期著名的散文家，又是"冠绝一时，直推倒一世豪杰"的诗人。他总纂的《遵

沙滩三杰

遵义沙滩

遵义沙滩全景

义府志》，梁启超推其为"天下府志第一"。子午山就像是一把地造天设的安乐椅，端端正正地坐落在原野上，侧边有一湾溪水，涓涓细流，名为藻米溪。在溪旁，郑珍为了守护母亲的坟茔，建起了一座"望山堂"。这是一处玲珑剔透的江南式小园林，周围有松崖、柏岭、梅垓，园内有紫竹亭、柑廊、乌柏轩、四香亭，中间有一池荷花，还有一所藏书5万卷的"巢经巢"书屋。就在这"四窗静缘，山鸟无声，树影湖光，晃漾闲涌"的环境中，郑珍整整度过了20个春秋，他朝耕暮读，直读到"霜重夜深白"，直写到"月斜林际黄"。他在这里"读书扫俗学，下笔如奔川"，写下了许多传世之作。他把自己呕心沥血写成的经学著作，定名为《巢经巢说》，把他情才并茂的诗文收入《巢经巢文集》、

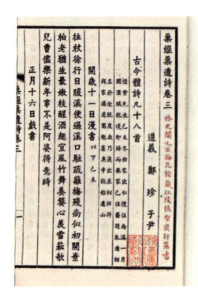

《巢经巢遗诗》

《巢经巢诗钞》、《巢经巢诗钞后集》。他所著的《说文逸字》和《说文新附考》，对古文字学的研究精深，多有发明、见解。

近代学者章士钊先生，对此十分感慨，他在《访郑篇》中写道："西南两大儒，俱出牂牁巅。"这里所说的"西南两大儒"，指的就是郑珍和莫友芝。莫友芝，字子偲，遵义府学教授莫以傃之子。他在去子午山二里之遥的青田山，结庐著书立说。莫友芝的根底在"汉学"，他与郑珍同出于乃父莫以傃先生门下，又经恩师程恩泽点拨，在金石和目录版本学上堪称一家，所著《郘亭见知传本目录》、《宋元旧本书经眼录》等书，至今仍是古籍研究必读之书。他深通声韵、训诂，又是诗人、词家，散文也写得很好，颇得曾国藩赏识。他去世时，曾国藩曾写了一副深情的挽联，上联是："京华一见便倾心，当年虎坊桥头，书肆定交，早钦宿学。"下联是："江表十年常聚首，今日莫愁湖上，酒樽和泪，来吊诗人。"

说到诗，沙滩是一片诗的海洋，诗人、词家比肩继踵，出口成章，以诗对答，倘若把他们的诗汇总起来，恐怕有好几十部。郑珍和莫友芝都是晚清"宋诗运动"的代表人物，郑诗已如前说，莫友芝的诗收入《郘亭诗钞》和《郘亭遗诗》，卓然成家，诗名远播，赢得了"清诗三百年，王气在夜郎"的赞誉。黎氏一门，诗人辈出，黎安理有《锄经堂诗集》，黎恂有《岭石斋诗钞》，黎恺有《石头山人诗钞》，黎兆勋有《侍雪诗钞》、《石镜斋诗略》，还有黎兆熙的《野茶岗人吟草》、黎兆祺的《息影山房诗钞》、黎汝怀的《黎虚甫诗稿》、黎汝谦的《夷牢溪庐诗钞》。郑珍之女郑淑昭，是黔中少有的女诗人。黎兆勋和莫友芝把明代及清初贵州人的诗，搜集整理为《黔诗纪略》一书。黎汝谦、莫庭芝和贵阳的陈田，又将清代贵州人的诗，集为《黔诗纪略后编》。两书前后光辉交映，展现了贵州诗歌的风采。

　　沙滩又是一个名副其实的书法之乡，郑珍、郑知同、莫友芝、莫庭芝、黎庶昌等人的书法都很精湛，其中又以莫友芝的书法名声最大。清代中叶，书风丕变，书法家们从汉魏碑刻中引发出一种新颖的美感，前有何绍基、赵之谦，后有翁同龢、莫友芝、康有为。莫友芝的书法，熔铸碑刻，自辟一途，笔势灵活，气韵洒脱，蕴含着一种瑰奇之气，在清代堪称一家。

　　沙滩还孕育了外交家黎庶昌，他是清朝派出的第一批外交官之一，做过英、德、法和日斯巴尼亚（西班牙）四国使馆的参赞，游历了欧洲各国，将其所见所闻所感写成《西洋杂志》，使中国人看见了西方文明的曙光。他在清末做过两任驻日公使，与日本朝野文士唱和，

《邵亭诗抄》

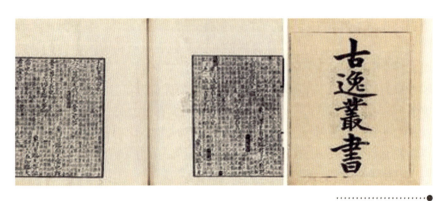

《古逸丛书》

以文字之交开展外交活动，其诗收入《黎星使宴集合编》和《黎星使宴集后编》。黎庶昌的散文也写得很好，颇具桐城派刚劲、简洁的风格，著有《拙尊园丛稿》6卷。在日本期间，搜集了流落海外的中国古籍，集为《古逸丛书》200卷，对文化作出重要贡献。他

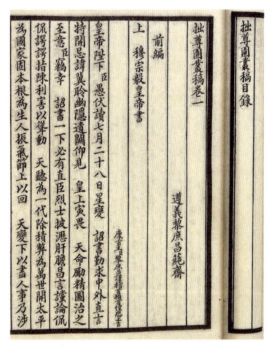

《拙尊园丛稿》

的侄子黎汝谦，曾充任清国驻日本神户领事馆官员，后任清朝驻横滨领事，翻译过《华盛顿传》。

　　一个不起眼的山村，涌现出如此众多的学者和诗人，出类拔萃，影响一个时代，人才之盛，超过一县、一府，的确是个奇迹。如果说，这种现象产生于文化深厚的中原，或者是江南水乡、天府之国，那倒不足为奇。"奇"在它产生于远离中国文化中心，文化兴起比中原要晚一千多年的贵州；"奇"在贵州文教在明

代兴起后仅三四百年时间；"奇"在它不出现在省城、府城，而是在一个僻静的山庄；"奇"就奇在中国文化的鼎盛时期已经过去，乾嘉之学、古典诗词已近尾声，而沙滩竟成绝响。沙滩文化勃兴的根本原因在教育，倘若没有良好的教育，沙滩只能是一片荒漠的"沙滩"，没有文化，便没有学者和诗人。

中国的传统教育，是以儒学为根本。明清时期，教育与科举并为一途，读书人须经科考才能"进学"，由秀才而举人，由举人而进士，然后做官。这种僵化的教育体制，越来越成为束缚思想、限制人才的桎梏，真才实学的人往往名落孙山，而高中进士、状元的人，不少是"高分低能"。沙滩的文士，大都到举人为止，中进士的只有莫与俦和黎恂二人。莫与俦不以"读书做官"为然，认为读书应"以立身为本，穷经为务，决裂名教为无耻，科举俗学为末务"，做了三年知县后，便请改为教职，专心治学和从事教育。黎恂超凡脱俗，尝对人说："人以进士为读书之终，我以进士为读书之始。"辞官回乡读书，教诲子弟。在他的倡导下，教育与仕途分道，走上了"读书治学"的道路。在沙滩，教育与文化紧密结合，传承中国的古典文化，学术以"汉学"为宗，做诗以"宋诗"为本，书法熔铸汉魏碑帖，在全国独树一帜，以致成为"清代中叶全国知名的文化区"。

沙滩文化植根于儒学正宗，注重"做人之道"和"穷经析理"。做人之道不离"中庸"、"忠恕"，淡泊人生，不图功名，不把心思用在那些无用的八股文和试帖诗上，潜心研究儒家要旨和经义。为了"穷经"，治学以"经学"为务，继承乾嘉学派的学风，严守"实事求是"的态度和方法，在考据、小学（古文字学）、金石、版本、目录学上取得了不少成就。在"文以载道"、"诗以传言"的原则下，写出了许多有风骨、有个性的诗文。沙滩人才联袂而起，根本原因在于教育兴盛。这里的教育与正统的"官学"截然有别，读书之目的不在于"做官"而在于"做人"，治理不在于"应时"而在于"求真"，教育不是孤立的学校教育，而是把家庭教育、学校教育、社会教育融为一体，形成一个广泛、深厚、缜密的教育网络。

家庭教育是沙滩教育的根基，从小抓起，注重身教言传，潜移默化，自幼养成良好的品性和学习风气。家庭教育实际上是儿童的第一所启蒙学校，父母、兄长、亲友的言行举止、思想情操，为人处世，使他们受到濡染，在幼小的心灵上留下深刻难忘的印象，对往后志向的确立，操行的端正、智力的启迪产生多方面影响，成为教育的良好开端。黎氏定居沙滩，便树立"耕读为业，诗礼传家"的家风，黎氏家训说："在家不可一日不以礼法率子弟，在国不可一日不以忠贞告同寮，在乡不可不以正直表愚俗，在官不可一日不守清、慎、勤三字。"黎恺著《教余教子录》，从立身处世、读书治学教诲子弟。郑珍为守母茔，在子午山麓建望山亭攻读诗书，终身不忘慈母教海，将母亲生前的言行、德操、训导写成《母教录》以示子孙。莫与俦晚年在诗中写道："老来不记旧卿相，独记先辈之高风。"子弟身受其"道德文章"而成才。郑、莫、黎三家都以"诗礼传家"，家风严正，家学渊源深厚，薪火相传，人才不绝如缕，孕育了一个"冠冕全黔"的文人群体。

沙滩的教育，民间化色彩浓厚，重在家塾与书院。黎氏入黔始祖黎安理，首先在沙滩禹门寺静室中创办家塾，取名"振宗堂"，他和他的儿子黎恂、黎恺以毕生心血教育家族和邻里子弟，还聘绥阳宿学杨实田来此执教，生徒多达百人，培养了一代又一代英才，故有"禹门寺，读书堂；孰为师，黎与杨；六十年，前后光；两夫子，泽孔长"的民谚。莫与俦任遵义府学教授期间，创办了湘川书院，其宗旨是"学校者，人才之根本；人才者，学校之光华"。书院以聚徒讲学、著书立说为本，重在培养人才，人才的多少与高下，是衡量书院办学的重要标准。莫与俦学有精专，热心教育，著有《示诸生教》四篇，强调"端趋向"、"黜浮华"、"薄荣利"、"固穷约"，表现出不同流俗，倡导学术的教育思想，郑珍、莫友芝皆出其门下。郑、莫、黎三家学者，或就读书院，或在书院讲授，互为师友，造就人才。

沙滩是一个文化的沙滩，读书向学的氛围很浓。郑、莫、黎三家都是书香门第，结为姻娅，互为师友，可谓"谈笑有鸿儒，往来无白丁"。在沙滩，有黎恺的"近溪山房"、黎兆勋的"姑园"、黎兆祺的"息影山房"、黎庶焘的"慕耕草堂"、黎庶昌的"拙尊园"，还有郑珍的"望山堂"和莫友芝的"青山草堂"，书香气息笼罩着这座文化山庄。黎恂辞官归来，带回数十箧图书，在沙滩建起"锄经堂"，有大量典籍供人阅读，是一所名副其实的乡间藏书楼。距锄经堂百余步，有一个"古梅丛桂相因依"、"缘水春深鸥鹭训"的别墅，这里常有文人聚首，互相唱和，人们便把这个诗意盎然的地方题作"藏诗坞"，涌现出许多诗人和词家。沙滩虽小，但"篱舍交错，书声琅琅"，充满文化气息。这种文化气氛十分重要，使人在这样的"文化生态"环境中受到熏陶。倘若没有"振宗堂"、"锄经堂"、"藏诗坞"、"巢经巢"、"拙尊园"这些文化传播中心，沙滩只能是一片荒漠的沙滩，没有教育，没有文化，更不会产生学者和诗人。

时过境迁，"西学东渐"，文化发生转型。近代教育兴起，知识体系发生了很大变化，传统的经学、诗词渐渐不受社会关注，"废科举，兴学堂"，宣告古代教育的终结和近代教育的兴起，沙滩文化的光辉也渐渐暗淡下来。它像是天上流星，划破长空，百年兴盛之后忽然陨落，这种奇异的文化现象，或可称为"沙滩现象"。沙滩文化的勃兴使人感到惊喜若狂，而沙滩文化的式微又使人感到太多的遗憾，在惊喜与遗憾之间，引发出许多思考，特别是我们的教育。

● 国酒茅台 ●

"好酒不怕巷子深"，隐藏在大山之中的茅台酒，1915年在"巴拿马万国博览会"上突然被世界发现，与法国白兰地、英国的威士忌一起，被评为世界白酒的三大名酒，从此蜚声海外。1952年，在第一次全国评酒会上，茅台酒被评为八大名酒之首，以后多次获得国家颁发的金质奖章，成为国宴、招待外宾、馈赠外国专用的"国酒"。全国人大常委会原副委员长朱学范大书"国酒茅台，玉液之冠"，全国书法协会主席启功题"香风溢金盏，佳酿重茅台"。1986年，在巴黎举行的第十二届国际食品博览会上，茅台酒再次荣获金奖，九十高龄的艺术大师刘海粟奋笔题写了"国酒天香香飘万邦"八个大字。

茅台酒以产于贵州仁怀的茅台村得名，历史悠久。在茅台村发现了一部明代万历年间的《邬氏族谱》，扉页上就绘有酿酒作坊。后来又在茅台村杨柳湾发现一块清乾隆四十九年（1784年）的古碑，碑上有"茅台偈盛酒号"字样。乾隆年间，赤水河航道开通，茅台成为川盐入黔的集散地，川、陕商人在此开设"李四友堂"、"协兴隆"等数十家盐号，是川盐运销贵州四大口岸之一的"仁岸"。茅台商贾云集，船只川流不息，商贾、船夫、纤夫对酒的需求与日俱增，刺激了酒业的兴盛，正如清代诗人郑珍所说："酒冠黔人国，盐登赤虺河。"到了嘉庆年间，茅台村杨柳湾一带，已有多家酒坊，现存有嘉庆八年（1803年）所铸的化字炉一座，铸有"大和酒坊"的名称。嘉庆、道光年间，茅台酒已负盛名，道光仁怀厅同知陈熙晋在《咏茅台酒》诗中写道："家唯储买酒，船只载盐多。"张国华《茅台村》竹枝词有这样一段精彩的描述："一座茅台旧有村，糟邱无数结为邻。使君休厌曲生醉，利锁名疆史醉人。十今好酒在茅台，滇黔川湘客到来，贩去千里市上买，谁不称奇亦罕哉！"

1915年茅台酒荣获巴拿马万国博览会金奖

1915年参加巴拿马博览会时的茅台酒瓶

茅台酒远销滇、川、湘，在道光以前就形成独特的工艺和相当规模。清道光《遵义府志》引《田居蚕室录》说："茅台酒，仁怀城西茅台村制酒，黔省称第一。其用料纯高粱者上，用杂粮者次之。制法：煮料和曲即纳地窖中，弥月生窖烤之。其曲用小麦，谓之白水曲，人称大曲酒，一曰茅台烧。仁怀地瘠民贫，茅台烧房不下二十家，所用山粮不下二万石。"吴振域在《黔语》中写道："南酒道远、价高，至不易得，寻常沽贳皆春烧也。茅台村隶仁怀县，滨河土人善酿，名茅台春，极清冽……"不幸的事发生了，咸丰、同治年间，贵州烽火遍地，一场无情的战争将茅台夷为废墟，几十家酒坊毁于兵火，茅台酒一时销声匿迹，独特的茅台酒工艺濒临失传的危险。

使茅台酒起死回生的是盐商华联辉，同治元年（1862年）华联辉在茅台开设"成裕烧房"。据华联辉的孙子华问渠回忆，在咸丰末年，华联辉的祖母彭氏，闲谈中偶尔想起年轻时路过茅台，喝过这种好酒，嘱咐华联辉有机会去茅台一趟，看是否还能买到这种好酒。华联辉去到茅台，只见一片荒凉，到处是残垣断壁，酒坊荡然无存。他找到当年的酒师，决定在茅台开坊酿酒，购得杨柳湾一片土地，建立"成裕烧房"，附属于他在茅台开设的"永隆裕"盐号。酒酿出来后，祖母细细品尝，觉得与当年的茅台酒一样，于是将酒馈赠亲友，大家一致称赞"好酒！好酒！"华联辉决定扩大生产，将"成裕烧房"改名"成义烧房"，年产3 500多斤，称为"回沙茅台酒"，在"永隆裕"盐号和贵阳的"永发祥"盐号销售，因是华家所产，俗称"华茅"。光绪五年（1879年），仁怀石荣宵、孙全太与"王天和"盐号老板王立夫合伙开设了一家烧房，取名为"荣太和"，后来孙全太退股，改名"荣和烧房"，几经变动，烧房落入王氏之手，俗称"王茅"。

1915年，美国为了庆祝巴拿马运河通航，在旧金山举办"巴拿马万国博览会"，通知世界各国选送展品。当时，北洋政府农商部在天津成立商品陈列所，贵州人乐嘉藻任所长，负责征集全国各地名优特产送往旧金山。征集展品时，"成义"、"荣和"两家烧房都将产品送展，农商部不加区别，一概以"茅台造酒公司"名义送展，统称"茅台酒"。那时不注重包装，送展就装在陶质圆形的小口瓶里，看上去很不起眼。可是，经各国评酒专家品尝后，其独特的品质令人叫绝，被评为世界名酒，获金质奖章，从此名扬天下。获奖后引起一场风波，奖状、奖章归"成义"还是"荣和"，双方争执不下，最后由贵州省长公署作出裁决，奖章、奖状由商会保存，两家烧房的茅台酒均可在商标上注明"巴拿马万国博览会获奖"字样。

茅台酒声名远播，两家烧房供不应求。1929年贵阳人周秉衡又在茅台开设"衡昌烧房"，规模颇大，但因在贵阳所开的"天福公"商号倒闭破产，经济窘迫，勉强维持生产。抗日战争爆发，国民政府迁都重庆，贵阳成了西南公路交通中心，官场、商场及社会各界人士都以喝茅台酒为时髦，市场扩大，两家烧房难以满足。富商赖永初对市场看好，便将周氏经营的"衡昌烧房"收购，1941年改名"恒兴烧房"。贵州解放后，对酒实行专卖，先后接管了三家烧房，改为国营茅台酒厂，揭开新的一页。

茅台酒誉满全球，在世界名酒中独树一帜。它的品质优良，个性

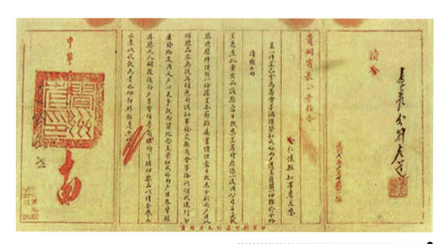

贵州省公署对金奖归属权的裁决书

独特，具有"酱香突出、幽雅细腻、酒体醇厚、回味悠长"的特点。会喝酒的人都知道，茅台酒还有两个优点。一是"饮后打嗝"，二是"空杯留香"。正如全国政协原副主席方毅所题："风来隔壁三家醉，雨后开瓶十里香。"长期以来，人们一直不解茅台酒的奥秘，感到神奇莫测。20世纪60年代，轻工部组织了一批老酒师和酿酒专家进行深入研究、科学分析，测定出茅台酒有三种典型酒体，即酱香体、窖底体和醇甜体。酱香体味感幽雅细腻，窖底体放香好、酒味冲辣，醇甜体含有多种芳香成分，其味醇甜。三种酒体经过复杂勾兑，才能具有上述特点，命名为"酱香型"。经过科学分析比较，证明酱香型与浓香、清香、米香及其他香型均不相同，其风格独特，品质优良，特点鲜明，具有独特性和唯一性。

茅台酒是贵州人民千百年来酿造经验的结晶，是贵州人民的一大创造，工艺古老、独特而奥妙无穷。概括地讲，就是"高温制曲，高温堆积，高温流酒，两次投料，三次蒸馏，八次发酵，九次蒸煮，长期陈酿，精心勾兑"。制曲、酿酒、陈酿、勾兑是这种工艺的四个重要环节，或者说是茅台酒酿造的四大奥秘，非一般人所能掌握，很大程度上取决于长期积累的经验。

茅台酒的制曲方法与其他酒类不同，其一是"纯用优质小麦"做原料，小麦必须颗粒饱满，无虫蛀，无霉烂，黏着力强，营养丰富，

20 世纪 40 年代的"赖茅"酒　　　　　20 世纪 50 年代的茅台酒

适宜菌种生长，符合古人"得自然之曲，乃称第一品"的要求；其二是"伏天踩曲"，踩曲时间在炎热的夏天（端阳节前后至重阳节），这时气温高，湿度大，空气中的微生物种类多，数量大，利于生产酱香型的酒；其三是"高温制曲"，制曲温度必须控制在 60 度以上，使微生物大量繁殖。制曲的过程非常复杂，先将小麦磨碎，加入一定量的母曲粉和水踩成曲块，晾干后送进曲房进行培养，温度逐渐升高至某一高度，然后经过两次翻曲，使之呈金黄色并带有曲香味，成熟后放入通风性好的曲仓中贮存。半年后才能将曲块取出，磨成细粉，加入酒醅酿酒。踩曲时，对小麦的磨细程度、拌匀的水分比例、母曲投入的多少，都有严格要求。由曲块转入曲房发酵的过程中，对曲仓温度、湿度、通风时间、曲块堆放层数及翻曲时间、贮存时间，必须严格控制。

　　酿制采用古法，工艺独特，有十大要领。一是从投料到丢槽至结束需要一年时间，即生产周期为一年；二是酿酒的原料用高粱，必须在两年内分两次投完；三是讲究堆积发酵的层次，使各层产生的微生物种类和数量不同，从而产生酱香、醇香和窖底香三种酒体；四是通过陈酿使酒显得幽雅细腻；五是制曲需经数十天高温发酵，时间之长，温度之高，在白酒中可谓首屈一指，是形成酱香型的重要原因；六是成熟的曲药，需经过半年以上贮藏才能使用；七是对同一批原料要反复 7 次取酒，由于每一轮次酒醅的基础不一样，气候条件不一样，所以每一轮酒各有特点，要经勾兑，相互取长补短，酒体才能协调；八是同一批原料要经过 8 次摊凉、8 次加曲、8 次堆积、8 次入窖发酵，每一次入窖前都要喷酒一次"尾酒"，这就是所谓的"回沙"；九是生产季节性强，九月重阳节投料，将高粱破碎后用高温热水润料，加入一定数量的母糟拌匀混蒸，出甑后经洒凉水、摊凉、加尾酒、曲粉、掺拌均匀进行堆积发酵，成熟后又下窖发酵，之后才是第二次造沙投料，生产周期为一年；十是高温制曲、高温堆积、高温入池、高温发酵、高温接酒、高温润料、轻水分入池的生产工艺，这就是茅台酒独树一帜的重要标志。总而言之，茅台酒酿造工艺十分繁复，10 个环节缺一不可，而且必须严格操作，一系不苟。

　　长期陈酿是茅台酒生产重要的一道工序，即将刚生产出来的新酒，经过相当长一段时期的陈酿变成陈酒。陈酿的功用有三．一是除去新酒暴辣、冲鼻、刺激性大的缺点；二是经过氧化还原等一系列化学变化和物理变化，有效地排除酒中的低沸点物质，如醛类、硫化物等；三是除去新酒中不愉快的气味，增加酒的芳香。陈酿的工艺流程是：新酒入库后，首先检验、品尝、鉴定香型，然后装入容量为几百千克的大坛，贴上标签，注明该坛酒的生产日期、酿制的班次、轮次及哪一类香型。存放一年后，将此酒进行"盘勾"。盘勾两年后，酒已基本老熟，才能进入"精心勾兑"阶段。精心勾兑后的酒，还要继续放

贵州茅台酒厂

在酒库里陈酿一年，经过检查符合质量标准才能包装出厂，前后四年。

勾兑是茅台酒独特的古老工艺，是保持茅台酒风格和质量必不可少的生产环节。在白酒中，主要成分是醇类物质，但还含有酸、酯、醛、酮、酚等微量成分。由于各轮次、各甑酒的质量不尽相同，各种香型不同的酒不是生产出来就具备所需的微量成分及其比例，往往是某种微量成分较多，另一种微量成分较少，因此必须把微量成分不同的酒调到恰当的比例，使酒的风格完备，色香味俱佳。"精心勾兑"是一种特殊技术，可以会意，难以言传，只有经验丰富的酒师才能掌握。在整个勾兑过程中，用本厂酿造的不同香型、不同轮次、不同酒度、不同年龄的酒，相互勾兑，取长补短，达到完美。经过三年陈酿的酒，先进行小型勾兑，勾兑出基础酒，然后把小型勾兑的样品摇匀，放置一个月，与标准酒样进行对照，如质量没有变化，便按小型勾兑的比例进行大型勾兑，大型勾兑后的酒，必须密封贮存一年，送检合格才能出厂。

茅台酒不但工艺独特，而且具有不可取代性和不可位移性，不可能进行仿制。抗战期间由于茅台酒销路好，利润高，许多酒厂都想仿制茅台酒，例如贵阳太和庄的"荣昌酒厂"、遵义龙坊场的"集义酒厂"、四川古蔺的"二郎滩酒厂"都先后到茅台聘请酒师，甚至购买酒糟，以为"依样画葫芦"，便可酿造出茅台酒，结果都失败了，"荣昌"、"集义"垮台了，"二郎滩酒厂"生产出来的不是茅台酒，而是"郎酒"。抗战胜利后，仿茅台的厂家更多，如贵阳就有所谓的"金茅"、"丁茅"、"王茅"，可是他们生产出来的酒与茅台酒有很大差别，没有竞争能力，很快就烟消云散了。1974年，为探索茅台酒传统工艺的奥秘，扩大茅台酒产量，贵州省科委拟订了《贵州茅台酒易地生产中间试制》项目，报经轻工部和国家科委批准，于1975年在遵义进行"茅台酒易地试验"，产出的酒鉴定后认为"质量较好，但同茅台酒比起来，还有一定差距"，这就成了后来的"珍酒"。日本最想仿制茅台酒，千方百计地搜集技术情报，并想通过科学分析破解茅台酒之秘，但始终不能如愿。

茅台酒之所以不能"克隆"，不能仿制，不能易地生产，最根本的原因是特殊的地理环境，离开了茅台镇便酿造不出茅台酒。茅台镇的地理环境有三大特点：第一个特点是特殊的地质结构，成土母质为紫色砂页岩，广泛发育的紫色土、砂质黏土有良好的渗透性，两岸的地表水和地下水经过岩层流入赤水河中，既能溶解岩层中的有益成分，又经过岩层过滤，流出纯洁无毒、香甜可口的泉水。第二个特点是赤水河谷夏热冬暖雨量少的特殊气候，炎热季节持续半年以上，冬季气候暖和，温差小，日照丰富，最适宜酿酒微生物的生成与繁衍。第三个特点就是水资源丰富，水质优良，无色无味、无臭，清亮透明，微甜爽口，含有多种对人体有益成分。

　　茅台酒酿造工艺，不仅在中国，而且在世界上都是唯一的。它是中华文化优良传统的一部分，是酒文化的创新，青出于蓝而胜于蓝，2006年茅台酒酿造技艺被列入第一批国家级非物质文化遗产名录。这种非物质文化遗产保留至今，生命的活力在于创造，尽管制曲、酿造、陈酿、勾兑等技术古已有之，但若不是在应用中加以发挥，在实践中创造出新的方法，并总结出一系列完整的工艺，说不定早已被淘汰了，所以，保护必须发展，发展必须创新。茅台酒酿造工艺，是传统与现代科学结合的结果，通过科学方法总结茅台酒的工艺，通过科学分析揭开茅台酒的奥秘，通过科学研究找到茅台酒生产的规律和发展方向。非物质文化总是不能脱离物质而存在，茅台酒生产若是不能适应市场需求，日渐衰落，这种工艺便会自然消失，反之，茅台酒生产若是蓬勃发展，茅台酒工艺就会不断扩大应用，不断改进和提高。

茅台镇赤水河边上的"美酒河"摩崖石刻

● 波澜壮阔的"文化西迁" ●

抗日战争爆发，"中华民族到了最危险的时候，每个人被迫着发出最后的吼声，起来！起来！我们万众一心，冒着敌人的炮火，前进！前进！"北平、天津陷落，南京、上海失守，我国的文化教育中心，遭到灭顶之灾。为了保卫文化尊严，不让学校遭受敌人的破坏、践踏，大批学校纷纷内迁，出现了一次波澜壮阔的"文化西迁"。"八千里路云和月"，数十万上百万"不愿做奴隶的人们"，含着眼泪，扛着行李，带着家眷，搬运大量图书、仪器，风尘仆仆地向西南、西北转移，成为我国历史上最悲壮而又充满奋发、不屈精神的文化大搬迁。

贵州是西南抗战大后方，也是战乱之中可以安放书桌的一片乐土，许多大学、中学、军事院校都迁到贵州。私立大夏大学由上海迁到贵阳，华北乡政学院由济南迁到惠水，国立交通大学唐山工程学院由河北迁到平越（今福泉），国立浙江大学由杭州迁到遵义、湄潭，私立之江大学工学院由杭州迁贵阳，国立湘雅医学院由长沙迁贵阳，国立中正医学院由南昌迁镇宁，国立广西大学、国立桂林师范学院由桂林迁榕江，国立贵州大学、国立贵阳师范学院、国立贵阳医学院也在抗战中建立。由南京、福州、广州迁来的军事院校13所，陆军大学、军训部军官外语班、中央陆军步兵学校迁遵义，中国海军学校迁桐梓，防空学校、军政部战时卫生人员训练所迁贵阳，陆军军医学校、陆军兽医学院迁安顺，陆军军官学校四分校迁独山，陆军炮兵学校迁都匀，陆军辎重兵学校迁龙里，陆军通信兵学校迁麻江，中央陆地测量学校迁镇宁。迁入和新建的国立中学21所，分布在贵阳及铜仁、安顺、桐梓、黔西、兴仁、惠水、都匀、榕江等地。

"西迁"历尽千辛万苦，浙江大学历时两年的西迁就是一个缩影。1937年抗战爆发，浙江大学校长竺可桢考虑到学校的安全，便与西天目禅源寺方丈商谈借用房屋安置一年级新生，由杭州向郊外转移，9月在天目山上课。淞沪战争扩大，天目山已不是安全之地，竺可桢决定把学校迁到离杭州40公里的建德。三批师生到达建德后，苏州陷落，又于12月组织搬迁，将学生分成若干队，每队由导师带领，拟迁江西泰和。但行至浙江金华又遭日机轰炸，师生们搭军车、煤车、难民车抵达玉山，好不容易才将师生和图书仪器运到江西吉安，1938年2月

湄潭浙江大学旧址

湄潭浙江大学旧址

湄潭浙江大学旧址

在吉安中学和吉安师范继续上课。继而分水陆两路向泰和进发，在泰和城西的上田村安顿下来，以大原、华阳两书院为校址。竺可桢的妻子和次子，先后在泰和染病去世。本以为泰和是个办学的好地方，不料战事紧急，江西省政府由南昌撤到泰和，占用了浙江大学校址，浙江大学不得不继续西迁。根据教育部"必要时可迁贵州安顺"的指令，浙江大学决定先迁到广西宜山看形势发展再作决定。经过两个月的艰苦跋涉，于1938年11月抵达宜山，在宜山上了一年的课。竺可桢到贵阳与贵州省主席吴鼎昌商议迁校之事，得到大力支持，决定迁往"风景幽美、民风淳朴、物美价廉"的遵义和湄潭。辗转四次西迁，行程约2 500公里，1940年2月才在遵义、湄潭落脚。浙江大学西迁的路线大体与红军长征相同，人们把它称为"文军长征"。

贵州确实是个"福地"，在8年抗战中相对比较安宁，40多所学校到了贵州就不再走了，并在贵州得到发展，创造"奇迹"，成为他们的"第二故乡"。浙江大学在贵州7年，迁来时只有文理、工、农3个学院 16 个系，随迁学生 460 人，到贵州后发展为有文、理、工、农、师范、法学、医学 7 个学院的综合大学，1946 年迁回浙江时在校学生已有 2 243 人。师资阵容庞大，校长竺可桢是著名的科学家，先后在浙江大学任教的教授 70 多人，内有部聘教授 18 人，著名的如文学家梅光迪，史地学家张其昀、谭其骧，电机工程学家王国松，数学家苏步青，化学家卢嘉锡，生物学家贝时璋、谈家桢、罗宗洛，物理学家王淦昌，农学家卢守耕，画家丰子恺等。浙江大学以"求是"为校训，强调教学与科研并重，在艰苦的条件下取得了许多科学成果，创办了《机械工程》、《电工通讯》、《土木通讯》、《浙大工程》、《航空通讯》、《农经通讯》、《中国桑蚕研究所汇报》、《浙大文学院集刊》、《史地部丛刊》等 20 多种刊物，在微分几何、三角级数、中微子研究、量子力学、细胞重建、遗传学、有机药物、工业自动化等方面都有突破性进展，被英国李约瑟博士称为"东方剑桥"。浙江大学在贵州期间共毕业 1 857 人，此间的师生后来当选为中科院学部委员、院士及工程院院士的共有 51 人，教师中有王淦昌、卢鹤绂、苏步青、陈建功、贝时璋、谈家桢等 27 人，学生中有李政道、程开甲、谷超豪等 24 人。

　　大夏大学是贵州人王伯群创办，它由厦门大学脱胎而来，1937 年由上海迁来，在贵州 9 年。大夏大学设有文学院、理工学院、教育学院、商学院、法学院，共 22 个系，还设有师范、教育 2 个专修科，社会、文史、政治 3 个研究所及大夏附中，拥有一批知名教授，数理化方面有夏元瑮、陈景琪、谢仲武，政治学有谌志远、钟跃天，经济学有赵少坪、刘行骅、金企渊，社会学有吴泽霖、陆德音，文学有谢六逸、李青崖，外语有黄奎元、关彩琪、刘行骅夫人（美国人），史地有翦伯赞、周谷城，教育学有马宗荣等。大夏大学在贵州期间共毕业 1 576 人，贵州各中学校长、民众教育馆馆长及各科教师多是大夏大学毕业生，县长、科长、法院院长及工商、金融人才也多出自大夏大学。吴泽霖、陈国钧等研究贵州少数民族，出版了《苗夷丛书》、《贵州苗夷研究》、《贵州苗族歌谣》。大夏大学迁回上海后，1951 年与光华大学合并为华东师范大学。

　　交通大学唐山工程学院的西迁尤为艰难、曲折，唐山沦陷时正值学校放假，院长重病在京，无人负责，学校只好互相通知师生分别向上海、南昌、武汉、湘潭集中，公推桥梁专家茅以升为院长。上海失守、

我校播迁贵州平越(今福泉)时的教学楼(1939．3 — 1944．12

国立交通大学唐山工程学院平越（今福泉）旧址

南昌告急，学校只好在湘潭复课，经费无着，便向各地校友募集复课基金，勉强维持教学。1938 年 1 月，学院才得到教育部批准复课，正式任命茅以升为院长，并与迁来的北平铁道管理学院合并。5 月学院迁湘乡，11 月经桂林、柳州步行 2 000 余公里，于 1939 年 2 月到达平越（今福泉）。学院设有土木工程、矿冶工程、铁道管理三系，有学生 500 多人，茅以升上任后，四处奔走，招揽人才，聘请一批专家学者为教授，如数学教授黄寿恒、力学教授罗忠忱、化学教授林炳光、建筑教授林炳贤、英文教授李斐英、冶金教授王钧豪、金相学教授王绍源、土木教授罗河，以及铁道管理教授胡立猷、许炳汉等。交通大学保持"严谨、刻苦、求实、奋进"的优良校风和团结奋进的光荣传统，培养出不少科技精英。在贵州毕业的 874 人中，后来成为中科院院士、博士生导师、桥梁专家、冶金专家的有张沛霖、林秉南等 20 多人，杨裕球、张馥葵等是美国著名的建筑、桥梁专家，贵州省原副省长、中科院院士、冶金专家徐采东就是当年交通大学唐山工程学院的毕业生。

　　湘雅医学院原为中美合办，后改为国立，1939 年 10 月迁贵阳，在太慈桥附近征得一块土地修建学校，贵阳从此有了一个"湘雅村"。院长张孝骞是著名的内科专家，后来兼任中央医院内科主任，中华人民共和国成立后为中国医学科学院副院长、中科院学部委员。湘雅医学院有教授 14 名，副教授 5 名，著名公共卫生学专家朱章赓、热病学家李宗恩等都是兼职教授，并与在图云关的中国红十字救护总队密切合作，医疗技术在国内处于领先地位。湘雅医学院办学宗旨，是把学生培养成医德高尚、有为公众服务精神的合格医生，在贵州 6 年，培养出许多既是好公民又是好医生的人才，仅第一期就招收 160 名学生，其中有女生 55 名。

迁到贵州的军事院校都是军事教育的高端，不但有各兵种的学校，连当时最高军事学府陆军大学和海军学校也迁到贵州。军医学校是当时五大医学中心之一，设有研究部、大学部、专科部、职业部，大学部设有医科、药科、牙科等 20 多个系以及牙科医院，职业部设有护理、药剂、牙医、检验、放射、理疗等中等技术班，研究部有植物、药品制造、血清疫苗等研究及附属医院，还有一个军医预备团。教官多是留德、日、英、美的医学专家，设备在当时堪称一流。对学生的要求很高，教材都是外文，有严格的考试制度，要求理论与实践结合。学校把学术研究放在重要位置，办有《军医通讯》、《军医杂志》、《药学季刊》、《营养研究杂志》、《卫生勤务》等刊物。校本部在安顺、昆明、重庆、西安等地设有分校，在安顺毕业的医科学生有 500 多人，药科 150 人、牙科 100 人、专科数百人。1946 年迁上海，改组为国防医学院。

在国难当头的时期，如此众多的高等学校在贵州保存下来，免遭敌人破坏，而且还出奇的发展壮大，造就许多精英，应当说是贵州对抗日战争作出的最宝贵贡献。几十年后，当这些人回忆起抗战期间在贵州的日子，都感到特别珍贵，特别的动情，虽然回到千里之外的故乡，仍念念不忘贵州是他们的"第二故乡"。贵州人民也忘不掉这段峥嵘岁月，想起当年文化教育的盛况。在抗战以前，周西成办的省立贵州大学只是昙花一现，仅两年便消失了，要上大学只有到北平、天津、南京、上海。抗战时期骤然来了这么多大学，人们不用再外出求学，可以就地报考名牌大学，真可谓是"天赐良机"。大学从无到有，内迁的 9 所大学，13 所军事院校，还新办了国立贵阳医学院、国立贵阳师范学院和国立贵州大学。

其实，这 3 所贵州本土大学也是在"文化西迁"的浪潮中建立起来的。北平危急，协和医学院被迫南迁。1937 年底，教育部委派北平协和医学院教授李宗恩，公医专家朱章赓等筹备新建一所医学院，招收流亡学生，解决后方医务人员紧缺问题。初拟设在武昌，后因武汉吃紧，决定将武昌医学院改为贵阳医学院，将协和医学院撤退人员和

上世纪 40 年代的贵州大学

国立贵阳医学院临时校舍

拨给武昌医学院的经费转给贵阳医学院，在汉口、重庆、西安、长沙招收第一批学生，于 1938 年 3 月 1 日在贵阳正式成立。贵阳医学院云集了一批医学院教授和著名医师，从建院到 1949 年共毕业医学系学生239 人，护士班、助产班、卫生工程专修科、药学科 178 人。抗战胜利后，李宗恩奉命回北平接办协和医学院，带走一些师生，但仍留下许多教授、名医。贵州大学 1940 年 7 月在贵州农工学院的基础上建立，设有文理、法商、工、农 4 个学院，16 个系，还办有电机专修科、大学先修班及工业职业学校，有专职教授 76 人、副教授 37 人，兼职教授、副教授 25 人，学生 1 156 人。贵阳师范学院 1941 年 6 月成立，设有教育、国文、英语、数学 4 个系及史地、理化 2 个专修科，有教授 39 人、副教授 16 人，学生 483 人。贵州大学、贵阳师范学院的师资来源于 3 个方面，一是抗战返乡的贵州籍教授，如地质学家丁道衡、乐森璕，物理学家张永立，数学家萧文灿，农学家罗登义，文学家谢六逸、蹇先艾，教育家马宗荣，哲学家熊伟，政治学教授谌志远，外语教授任泰，翻译家张梦麟；二是从外地疏散和招聘的专家学者，如李法忠、刘行骅、潘家洵、竺良辅、顾青虹、张丕介等；三是其他大学的兼职教授。若不是抗日战争的特殊环境，不可能建立这 3 所大学。

抗战期间迁入和新建的国立中学有 23 所。国立十四中的前身为中央大学实验中学，原设南京，抗战爆发后，一迁安徽屯溪，二迁湖南长沙，三迁贵阳后改名国立十四中，坚持"专心致志，勤学苦练，精益求精，一丝不苟"的校风，号召学生"爱做工"、"爱耕种"、"爱运动"，强调"科学的理无穷"、"音乐的兴味浓"、"美术的意态工"，教学认真，升留级制严格，在全国会考中贵州的前 10 名都是十四中学生，在贵阳 8 年，1946 年改为省立独山中学。1937 年教育部令贵州省教育厅利用江浙皖中学优秀教师办一所中学，先称国立贵州中学，在汉口、南昌、长沙招收教员 110 人、流亡学生 1 000 余人，分 2 个大队到达铜仁，1939 年改为国立二中，设有高中部、女中部、师范部、实验部、初中部、农职部、附属小学和幼稚园，学生达 1 600 人，是当时贵州规模最大的中学，成绩名列前茅，1946 年改为省立铜仁中学，师范部改为松桃师范学校。国立中山中学主要是招收流亡贵州的学生，教师也是来自沦陷区，设有清镇、桐梓、兴仁、黔西、都匀、平越中学，使原来没有中学的地区有了中学。榕江是少数民族地区，抗战期间办起了国立贵州师范学校，又迁来广西大学、桂林师范学院、国立汉民中学、桂林师范学院附中，教育兴盛起来。

QIANLIZHIYAO

千里之遥

RENQINGSIGUXIANG

人情似故乡

● 风俗习尚，近乎邻省 ●

　　元代根据贵州"一面高，三面低"的山川形势，将西部划归云南行省，北部划归四川行省，东面和南面划归湖广行省（包括湖北、湖南、广西）。由于受到四面不同地域文化的影响，贵州的风俗习尚，东、南、西、北、中各不相同。清代乾隆年间贵州巡抚爱必达在《黔南识略·总序》中写道："介楚之区，其民夸。介蜀之区，其民果。介滇之区，其民鲁。介粤之区，其民蒙。大率皆质野而少文，牵啬而重利。贵阳所属，则勤于耕读。"黔北地近四川，处在贵州高原向盆地倾斜的北坡面上，有赤水河通往四川，即所谓"介蜀之区"。汉属牂牁郡，唐代已建立如同内地一样的"经制州"，后虽演变为土司地区，但播州杨氏及八大姓皆是来自北方的汉族，元、明时期均属四川，播州改土归流之后，遵义府仍属四川，直到清雍正五年（1722年）才划归贵州。这一地区长期受巴蜀文化的影响，汉墓及宋墓都有明显的巴蜀风格。这里是汉族移民进入贵州的主要通道，明清以来汉族多于少数民族，据《黔南识略》记载，遵义县"通计汉民一万三千六百二十户"，桐梓县仅有"散居苗民一百一十七户"，绥阳县"通属汉庄二百五十，苗寨十一"，仁怀县"通属汉户十之六七，苗户十之三四"，正安州仡佬族、苗族"三百余户"，"多依汉民耕作"，仁怀直隶厅"通属皆汉庄"。

贵州山川形势

贵州地处四川、湖南、广西、云南四省之间，与邻省山水相连。贵州位于云贵高原东部，高耸于四川盆地与广西丘陵之间，地势西高东低，向南、北两面倾斜，从西向东逐渐降低，形成三级斜坡，西部与云南高原相连，海拔2 400~2 600米，往东，中部海拔1 200~1 400米，东部海拔600~800米，与湖南低山、丘陵相接。北面的斜坡与四川盆地的盆缘连接，南面的斜坡与广西丘陵连成一片。河流顺地势向北、东、南三面分流，赤水河、乌江河流入四川，清水江、潕阳河流入湖南，北盘江、都柳江、红水河入广西。

　　黔北（遵义及毕节）的汉语最接近四川话，许多词汇同于四川。遵义比其他地区经济发达，明代有大批庄园，自乾隆年间引进柞蚕、桑蚕以来，"遵义富于丝"，"民俗男务耕读，女勤纺织"，成为贵州的富庶之区。川盐入黔主要通过这一地区，形成黔北四大镇（茅台、团溪、永新、金沙），建筑风格一如四川。跨越川黔两省的赤水河，盛产名酒，茅台、习酒、鸭溪、郎酒都产在这条河上。盛产茶叶，《茶经》中已提到播州产茶，湄潭、凤冈茶负有盛名，饮茶习俗如四川。喜食辣椒，善制泡菜，烹调精细而近川味，酸酢肉、豆腐干、黄粑、羊肉粉、豆花面很有特色。汉族移民多来自四川，建有不少川祖庙和四川会馆，川戏最为流行，还有阳戏和花灯。教育兴盛，私塾遍及城乡，"二三里即有读书声"，沙滩文化全国知名，文士众多，故其民果断、精明。

　　黔东北、黔东与川、湘毗连，乌江通四川，清水江、潕阳河入湖南，早在秦昭襄王三十年（前277年），秦夺楚江南地，便在川东湘鄂西及黔东北、黔东设黔中郡，汉改为武陵郡，元代属湖广行省。湖广往云南的大驿道经过黔东，明初设有平溪（今玉屏）、清浪（今镇远青溪）、镇远、偏桥（今施秉）、铜鼓（今锦屏）、五开（今黎平）等卫，永乐十一年（1413年）废除思州、思南二宣慰司，改设思州、思南、铜仁、乌罗（后并入铜仁）、镇远、石阡、黎平、新化（后并入黎平）等八府，成为贵州建省的基础。"黎平富于木"，明代以"贡木"著

称，清代木材远销湖广、江浙及两广。镇远、思南等沿江口岸，舟车
辐辏，商业繁荣。汉族移民多来自江南、江西及川、湘，习尚夸耀。
因其地与湖南犬牙交错，府属贵州，卫属湖广，又有水路、驿道与湖
南相通，民风民俗多近湖南。汉人与苗、侗等民族长期交往，黔东汉
语的语音多有变异，与川黔方言有某些差别，尤以镇远话、锦屏话最
为明显。汉族民居近江西、江南，一般为砖木结构二层楼房，深宅大
院为两进、两厢四合院，门楼多为徽式。以大米为主食，兼食杂粮，
喜辣椒，善制泡菜、腌菜、道菜及豆制品。传统节日、婚丧嫁娶，
礼俗如同中州。佛教、道教盛行，近代又传入天主教和基督教。自
贵州建省以来教育兴起，有府、州、县学，司学及书院、私塾，思
南、黎平二府科举在明代为全省之冠。农村盛行花灯，湖南的湘戏、
木偶戏在这一地区传播。

　　黔西地接云南，与滇东北、滇东连成一片，汉为牂柯郡西境，唐
为"南诏东鄙"，元属云南行省，是为"介滇之区"。这一地区长期
为彝族土司统治，民风彪悍而鲁莽。早期汉移民主要来自巴蜀，明代

隆里龙标书院

在这一地区设赤水（川黔边境）、毕节、乌撒（今威宁）及普安（今盘县）、安南（今晴隆）等卫，汉族移民渐多，清初水西（今毕节地区）、乌撒改土归流后，邻省移民大量进入，汉寨、彝寨、苗寨相间，毕节、平远（今织金）、黔西等地多汉民，大体是汉、彝各半。同云南一样，称湖泊为"海子"。产米不多，主食多是苞谷、洋芋、荞麦，或烧或煮或做成荞酥，菜蔬常杂以野菜，酸菜豆汤最为流行。衣着尚俭，贫者缺食少被，冬季围火而坐。威宁等地与滇东北一样，牛马猪羊混牧，威宁火腿制作一如宣威。气候寒冷，民间多建土墙房或土掌房，半截楼房与云南无异，底层和半截楼皆有出檐，人字顶，盖青瓦，土墙房多盖茅草。教育兴起比较晚，明代始有卫学，官学、书院、义学多是清代所建，滇戏传入这一地区。

黔南与广西毗连，地形、气候、物产、民族与广西大体相同，是为"介粤之区"。这一地区民族众多，唐宋时期普遍建立羁縻州，明清多为土司管辖，明代仅建有都匀一卫，都匀府所属八寨（今丹寨）、丹江（今雷山）、都江（今三都）都是少数民族聚居区，贞丰、册亨、望谟、罗甸、荔波都是清雍正年间由广西划入贵州。汉族进入这一地区较晚，除都匀外多是清代由邻省迁入，"苗多汉少"。汉语受少数民族语言影响，与川黔方言有所不同。房屋多为木结构，"干栏"式建筑、吊脚楼居多。以大米为主食，喜糯米食品，习尚饮茶饮酒。学校兴起较晚，且为数不多，故其民"蒙"。

黔中地区原为贵州宣慰司地，但自明代湖广通往云南的大驿道与川黔、黔桂两驿道在贵州（今贵阳）交会，战略地位日益重要，汉族移民源源进入，成为"五方杂处"之区。明初在贵州宣慰司地设置贵州卫、贵州前卫（均在贵阳）及新添（今贵定）、龙里、威清（今清镇及平坝的一部分）等卫，并设立贵阳府及三州、三县，成为汉族移民较集中的区域。明代贵阳城内有3万多人，清代增至6万余人，基本都是汉人。贵阳府亲辖地及贵筑县"汉多夷少"，修文县、龙里县、贵定县及开州（今开阳）"汉多于苗"，定番州（今惠水）和广顺（今长顺）"苗多于汉"。明代的汉族移民主要来自江南、江西，清代以来全国各地都有，"五方杂处"最能反映汉族移民的特征。

汉族来源广泛，多种地域文化在贵阳会集，民风民俗受到多方面影响。贵阳话虽然属川黔方言，但"南腔北调"经过长期融合，与邻

阳明祠

近四川的遵义话、毕节话、铜仁话有所不同，与黔东南方言、黔南方言差别更大。奠定贵阳地区汉族基础的是来自江南、江西、湖广的"屯民"（包括军屯和民屯），且多是"集团性移民"，文化习俗"一如中州"而近江南，"勤于耕读"，传统节日与内地汉族无异。清代移民来自各地，贵阳不但有四川、湖南、湖北、云南会馆，还有两广会馆、江南会馆、浙江会馆、江西会馆、福建会馆及山陕会馆，北方的京剧、豫剧、评剧，江南一带的昆曲、越剧及川戏在这里都广为流传。建筑总体上虽为"中原模式"，但更接近江南，甲秀楼、阳明祠等多是江南园林建筑，三合院、四合院也是江南庭院风格，与北方的四合院显然不同。城市建筑近江南而有山地特征，街市的"骑楼"式房屋源于福建、广东，农村多茅草房及石板房。汉族"北人食面，南人食米"，而黔中地区则是以大米为主食，面食为副食。民以素食为主，习惯于粗茶淡饭，家常菜以豆芽豆腐、四季豆米、小豆汤、豆豉居多，喜食折耳根、蕨菜、苦蒜等野菜。黔味，以"酸"和"辣"为其特点，但又不同于四川的"麻辣"和湖南的"胡（椒）辣"，以"香辣"为主。贵阳的风味小吃有肠旺面、豆腐果、丝娃娃（类似春卷）、油炸豆沙窝、糕粑稀饭等，然因是"五方杂处"之地，各地的人都有，饮食兼收并蓄，北方的水饺、烧饼、油条、大饼，江浙的馄饨、灌汤包，武汉豆皮，湖南面，四川麻辣烫，重庆火锅，云南野生菌，广东的海鲜，广西的米皮，乃至新疆的羊肉串，在贵阳都有广泛市场。

● 大家同过一个"年" ●

汉族是一个历史悠久的农业民族，向来以"农桑为本"，农耕为业，很早就形成"男耕女织"的农业社会，创造了以"二十四节气"为特征的农历，传统节日大都与农事有关，以岁时节令为主。沿着"春耕夏种，秋收冬藏"这条主线，按时序形成许多节日，从正月元旦到腊月除夕，几乎每月、每季都有节令民俗活动，例如，正月元旦、元宵，二月龙抬头、春社，三月寒食、清明，四月立夏，五月端午，六月伏日，七月秋社、七夕、中元节，八月中秋，九月重阳，十月为下元，十一月冬至，十二月腊祭、送灶、除夕。后来逐渐演变，有些归并，有些淡化，而那些与人生贴近的节时节令活动固定下来，成为广泛的群体活动，世代传承，如元旦、元宵、清明、端午、七月半、中秋、送灶、除夕等节日。

"过年"是辞岁迎新的年节，是汉族最为盛大、隆重、热闹的节庆。"年"是一年之始，古称"元旦"、"元日"、"元辰"、"元朔"，"元"即新一年的第一天，"旦"即是早晨，也就是说，从第一天的清晨开始进入新的一年，故民间习称"新年"、"年初一"或"大年初一"。

年节处在前后两年的交接点上，涉及头年的岁末及次年的年初，所以，传统的"过年"实际上是把腊月、正月的岁时节令活动连成一个系列，元旦与除夕密切而不可分，称腊月二十三送灶为"小年"，以正月十五的元宵为"过年"结束。"过年"的习俗始于"腊祭"，十二月称为"腊月"即源于此。腊祭是古代最隆重的祭祀活动，人们终岁勤于稼穑，难得在"腊祭"之日欢聚一堂，于是喜笑颜开，互相祝贺，载歌载舞，举杯庆贺，"一国之人皆若狂"。十二月初八的"腊日"是最早的"过年"，大约在南北朝以后才将这些习俗移到岁末的除夕，而留下吃"腊八粥"的遗风。

腊月二十三是送灶王爷上天的日子。灶王是炎帝的化身，使人间有了烟火，主宰一家人的衣食，而且有监督人们的行为、掌握吉凶祸福的职责，是"东厨司命主"、"人间监察神"和"一家之主"，普遍受人崇敬。腊月二十三，灶王爷升天，向玉皇大帝报告这一家人的善行或恶行，行善者将大吉大利，行恶者必将受惩罚，所以，在送他上天时用糖敬他，希望他"多说好话，少说坏话"。人们燃香点烛，

点爆竹

围火叩拜，期望来年吉利。次日"打扬尘"，把家里打扫得干干净净，并开始预备年货，准备迎接新年，以此而称"小年"。

除夕是一年中最后一天的夜晚，即腊月三十晚上，故又称"除夜"，俗称"大年三十"或"三十夜"。传说远古时有一种被称为"年"的怪兽，在岁末最后一天要出来吃人，大批大批的吃，人们很害怕，就躲进屋子里，把许多肉食放在野外，"年"便尽情地吃肉，饱餐一顿之后，心满意足地走了，人们出来相互庆贺躲过了"年"吃人这一劫，这便是"过年"。

传说当然不足为信，却反映"腊祭"驱鬼逐疫的古风，反映了人们祈求人寿年丰的愿望。除夕这天，家家户户燃香点烛，放鞭炮，以一个煮熟的猪头"谢年"，祭拜天地、灶神，还在门窗、谷仓、米柜、水缸、树木上贴红纸条。也许是因为回家躲避的缘故，后来演变为吃年夜饭时，外出的人都赶回来，全家一起吃团圆饭，供奉祖先，称为"别岁"，也就是告别旧的一年。当晚全家围炉而坐，通宵达旦，谓之"守岁"，俗呼"熬年"，所以"三十夜的火"特别重要。长者用红线穿起一串制钱，放在小孩的床头，称为"压岁钱"，小孩得钱，欢喜若狂，故诗云："百十钱穿彩线长，分来角枕自收藏。尚量爆竹锡（糖）箫价，添得娇儿一夜忙。"到了当夜子时（凌晨一点）便进入新的一年。

正月初一为元旦，即新年的第一个早晨。王安石在《元日》诗中写道："爆竹声中一岁除，春风送暖入屠苏。千门万户曈曈日，总把新桃换旧符。"古时的所谓"爆竹"，就是燃烧竹子，

门神

财神

发出噼噼啪啪的声音，驱走鬼怪，后来演变为鞭炮。春回大地，万物复苏，新的一年到来了，人们喜气洋洋，开怀畅饮，门前换上新的桃符。原来，古时人们为了辟邪，把两块桃木做的符咒挂在门前，上面写着"神荼"、"郁垒"二神的名字，称为"桃符"，后来演变为"门神"和"春联"。最初的门神是人们想象中的"神荼"和"郁垒"两位镇邪之神，唐代改为秦叔宝和尉迟恭两员武将，宋代改为一文一武，后来演变成了财神。五代时，后蜀的宫廷开始在桃符上题写联语"新年纳余庆，佳节号长春"，以后家家户户在元旦都贴上春联，取代了古老的桃符，书写许多吉祥的话语。新年第一天开门放鞭炮，希望一炮打响，迎来美好的一年，谓之"开门迎神"。开门后，全家在堂屋中焚香点烛，"向太公、太婆拜年"。天亮后，人们穿着新衣，到亲戚、朋友和邻居家拜年，拱手作揖，恭贺新禧，初一各寺庙都有庙会，男女老少到庙中拜佛、购物、娱乐，欢度新春，一片欢乐景象。过年吃年糕以示"一年更比一年高"，吃青菜、白菜表示"一年清清白白"，还有许多禁忌，如不准动刀剪、不准扫地、不准挑水、不准说不吉利的话。

　　古时过年并非元日即止，而是从初一到十五都有节日活动，如初二敬财神，初五"破五"（破除禁忌），初九"燃天烛"祭天，十三"出灯"，十五为元宵节。正月十五是一年中第一个月圆的日子，称为"上元"，又因在这天晚上年就过完了而称"元宵"。

　　"过年"的习俗，自明代大规模移民以来，在贵州盛行起来。明万历《贵州通志》记载："郡人多自中州迁来，服食器用，节序礼仪，一如中土。"对"岁时"习俗多有记载，腊日"以五辛五牲煮羹，合大小食之"，祀灶"俗谓是月二十五日灶神朝天，先于二十四日祭送

安顺屯堡人家过年时贴春联

之，至次年元日具礼以迎"，除夕"是夕具牲礼，扎草豝，列纸马，
陈火炬，家长督之，遍各房室，驱呼吼怒斥度遣状，谓之逐疫，古傩
意也"，元日"五鼓时，洁衣冠具香褚于庭，拜告上下神祇，以祝灵贶。
毕，即拜先人遗像，集尊卑于堂，男女以大小序拜，称觞祝庆。后，
出拜亲友"，上元"户各灯悬设宴，赏放烟花"。贵州的汉族是不同
时期从不同地方迁来，虽离乡已久，故乡在千里、万里之外，但"过年"
的习俗依旧，大家同过一个"年"。杨慎在《元日新添喜晴》诗中写道：
"离心似芳草，处处逐春生。"谢东山在《元旦次葵山韵》中写道："处
处红梅点缀花，满城歌舞竞繁华。葵心转日天边影，草色连江梦里家。"
虽在"异乡作异客"，家在万里犹同风。

　　习俗因环境不同而有变异，汉族"过年"的习俗在多民族的贵州
也受当地风土人情的影响而有"小异"。譬如年节的食品，在北方吃饺子、
年糕，在江南吃年糕、馄饨，而贵州则以糯食为主，吃糍粑、饵块、甜酒、
糯米饭，而在腊月做腊肉、香肠、干豆腐、血豆腐。与此同时，汉族"过年"
的习俗也渐渐传到少数民族地区。原先，贵州的许多少数民族都使用"但
候草木以记时岁"的"自然历法"，以谷熟时为岁首，因各地气候不
同而有早晚，如苗族、布依族"岁首以冬三月，各尚其一"，有的年
节在十月，有的年节在冬月，有的年节在腊月，过年的时间先后不一。
随着农历在贵州的推广普及，渐渐都改为以正月为岁首，同汉族一样，
在正月初一过年，而将原来的年节作为"小年"。过年的习俗互相交

元宵灯会

融，既保留本民族的若干习俗，又仿照汉族"过年"的习俗，久而久之，各民族都同过一个"年"，送灶、除夕、元旦、元宵等节令基本一致，而"过年"的形式各有不同。

　　"过年"是汉族共同的节日，集中表现了汉族的文化习俗和心理状态，无论是来自北方、江南，还是两湖、两广的汉族，虽家隔千里、万里，都同过一个"年"。因表达方式不同，使得"过年"更加丰富多彩。"人同此心，心同此理"，五湖四海皆过年。

● 四路花灯传贵州 ●

　　花灯是汉族民间广为流传的歌舞活动，起源相当古远，唐代已经大盛，故有"唐朝花灯宋朝戏，元朝世人看杂剧"之说。这种民间歌舞，与农事活动密切相关，并与上元节（正月十五，即元宵节）玩灯的活动结合，既有载歌载舞庆丰收之意，又预祝来年"风调雨顺，五谷丰登"，所以在农村特别盛行。花灯最先是在江苏、浙江、安徽、江西、湖南、福建等地兴起，以后在南方各地广泛流传，明清时期随汉族移民传入贵州。因江南各地盛产茶叶，茶歌、茶舞颇为兴盛，人们在田野就地围场演出，故俗称"茶灯"或"地灯"。玩灯，如祝寿时的"寿灯"，办喜事的"喜灯"，还愿时的"愿灯"。清康熙二年（1663年）编纂的《平越直隶州志·风俗篇》写道："黎峨（指今福泉）风俗，正月

花灯的演出特点

花灯随地皆可演出，角色为一旦一丑，旦角称为"幺妹"，丑角称为"唐二"，在贵州有的将幺妹称"干妹子"或"妈妹子"，称唐二为"干哥哥"、"妈哥哥"。虽为旦角，但非女子，都是以俊俏男童扮演，男扮女装，涂脂抹粉，服装艳丽，头戴纸花，身穿大花布衣裙，有的还以红辣椒戴在耳上，山野风味极浓。丑角也是男子，能歌善舞，活泼机灵，临场随机应变，插科打诨，逗人发笑。幺妹手持一把扇子，唐二手拿一巾，来回走动，与北方的"二人转"颇为相似。花灯的歌和舞是分离的，唱时不跳，跳时不唱。一人领唱，众人附和，和歌时演员和观众一起参与，融成一片，伴以锣鼓唢呐，气氛十分热烈。谚曰："花灯、花灯，喧闹高唱，欢喜者狂。"

十三日前，城市弱男童崽，饰为女子装，双鬟低坠，翠翘金钗，服鲜衣半臂，拖绣裙，手提花篮灯，联袂缓步，委蛇而行，盖假为采花女，以灯作茶筐也。每至一处，辄绕庭而唱，为'十二月采茶'之歌，歌如'竹枝'，俯仰抑扬，漫声幽怨，亦可听也。"

各村寨多有自发组成的"灯班"，由"灯头"主持，在秋后农闲时排练，正月初九出灯，称为"上灯"。

花灯的音乐曲调多为民间小调，即玩灯人所说的"五音声阶，五声调试"。曲调通俗流畅，挥洒自如，高亢婉转，节奏自由，随各地口音、声调差异而有变化，曲调的中间和末尾多加衬字和衬句，称为"飘带"。伴奏主要用锣、鼓和唢呐，也有丝弦乐出现。花灯的舞步，有"二步半"、"四方步"、"快三步"、"慢三步"、"野鸡步"、"碎米步"、"矮桩步"、"梭步"、"栏杆步"、"妇母步"、"快上步"、"风摆柳"等。身段有"犀牛望月"、"膝上栽花"、"黄龙缠腰"、"懒龙翻身"、"海底捞月"、"雪花盖顶"、"岩鹰展翅"、"边鱼上水"、"门斗转"等。扇子的耍法，有"小花扇"、"大花扇"、"交扇"、"盖扇"、"羞扇"和"扑蝶扇"。

花灯在演变过程中插入一些有故事情节的小戏，如《上茶山》、《采茶》、《放牛栏妻》、《望妈娘》之类，民间称之为"灯夹戏"，由歌舞向戏剧转化。

贵州的花灯，按地域分为四路，东路花灯流行于铜仁地区，以思南、印江为代表；南路花灯流行于黔南地区，以独山为代表；西路花灯流行于贵州中西部，以贵阳、安顺为代表；北路花灯流行于遵义地区，以遵义为代表。四路花灯不但地域分布不同，语言不同，而且曲调结构、器乐演奏及风貌各不相同，深受周边各省的花灯、戏剧及风土人情的影响。东路花灯受楚文化的影响，南路花灯受粤文化的影响，西路花灯受滇文化的影响，北路花灯受巴蜀文化的影响。

　　东路花灯在清乾隆年间兴起，出现"自初十至十六日止，龙马各灯络绎于市"、"伴舞歌唱十二月采茶"的盛况。花灯调词丰富多彩，仅《中国戏曲音乐集成·铜仁分卷》所搜集的就有 400 余首，实际流传的肯定有千首以上。花灯的演出形式，在"二人花灯"的基础上，演变为"三小"（二丑一旦、二旦一丑或一旦一丑一生），石阡一带流行的"茶灯"演员多达 12 人，"旦"分男旦、女旦，"生"分小生、老生、须生、娃娃生、皇生，还有"杂角"12 人，乐队 12 ~ 20 人，灯队 14 人，举火把的 30 ~ 80 人。东路花灯受湖南辰河戏的影响很深，常有辰河戏班在这一地区演出，并有辰河戏艺人来此传艺和搭花灯班子，移植了不少辰河戏剧目，如《功夫戒赌》、《王婆骂鸡》、《柳荫记》、《秦香莲》、《穆桂英挂帅》、《乾隆皇帝下江南》等，由灯夹戏演变为高台戏，有大本戏和折子戏两三百个。花灯音乐曲调丰富，丝弦调称"丝弦灯"、"筒筒腔"。

　　南路花灯以独山的最为典型，与江西的"采茶"和"弋阳戏"有密切关系，又深受广西"彩调"和"桂戏"影响，还渗入苗族、布依族歌舞的一些因素，从而形成别具一格的艺术风格。独山花灯流传了几百年，在民间有广泛的群众基础，形成"千班锣鼓百班戏"的盛况。独山花灯以花灯戏见长，清代咸丰年间已出现"灯夹戏"《打头台》，它有浓郁的生活气息、幽默诙谐的语言、轻快优美的音乐、生动活泼的舞姿，充满纯朴的乡土味。独山花灯多取材于历史故事和民间传说，如《包公铡国舅》《五鼠闹东京》《槐荫记》、《安安送米》、《蟒蛇记》、《蒋三哥下南京》等。它由地灯发展为台灯后，剧目不断创新，20 世纪 50 年代的《七妹与蛇郎》、《借罗衣》

花灯《七妹与蛇郎》

花灯《七妹与蛇郎》剧照

独山花灯

独山花灯进入维也纳金色大厅

声名鹊起，60年代又产生《宝锄》、《龙江颂》等新戏，70~80年代创作了《春归校园》、《哥笑了》和《金鸡常鸣》，90年代又有《追鸡》、《乡村教师》、《地灯秧歌》获奖剧目，"创新"一直是独山花灯的主线，并涌现出一批民间艺人，2008年独山花灯被列入国家级非物质文化遗产名录。

　　独山花灯的音乐，以朴实、优美、活泼和流畅的旋律见长，有强烈的生活气息和鲜明的地方特色。已收集的300多首乐曲，分为地灯和台灯两类。地灯音乐较单一、朴实，曲调明亮、欢快，音乐语言近似于讲话，如《倒采茶》、《划船调》、《送寿灯》等。台灯音乐从地灯中的民歌体裁脱颖而出，不但能表现有情节的歌舞，还能表达复杂多变的剧情和人物个性。表演上也有发展，丑角走矮桩步，旦角走梭步，老旦走"鸡啄米"，老生走"狗春碓"，娃儿走"蛤蟆步"，其他角色走八字步，并分大八字、小八字、内八字、外八字等。身段有"岩鹰展翅"、"观音坐莲花"、"双龙出洞"、"金鸡独立"、"膝上栽花"等30多个动作。扇子动作，有"梅花扇"、"叉扇"、"丢扇"、"飞扇"、"穿花扇"等。已有化装和简单戏服，还有舞台美术。

　　西路花灯传入时间较早，长期保持弋阳腔"其节以鼓，其调喧"，"一人唱众和之"的特点。《续安顺府志》记载："唱花灯，演唱者化妆男女若干对，男持扇，女执帕，相对边唱边舞，以月琴、二胡伴奏。词极俚俗，甚得一般民众欢迎。各对依次演完后，全班合演一场。演唱完，接待之家酬以喜封。"在20世纪40年代以前，西路花灯多为"散打"形式，或为以吉祥庆贺为内容的歌舞地灯，或为带有戏剧情节的"地灯夹戏"，但地灯夹戏的班子不多，普定石头堡演出的《干妈问病》、《五更望郎》和安顺何绍寨演出的《刘三妹挑水》等生活小戏，都比较粗糙。抗日战争期间，在话剧、曲艺的影响下，方德升兄弟在安顺二铺曹家屯，把花灯搬上舞台，演出了大型古装花灯戏《洪江渡》，改变了"一旦一丑，扇帕歌舞"的格局，产生了台灯夹戏。与当地风俗习尚、宗教影响有关，西路花灯形成一套严格的演出程序，即"亮灯"、"散帖子"、"出灯"、"开寨门"、"开山门"、"开财门"、"下敝"、"搭上咐"、"参家神"、"参桌子"、"参果碟"、"测盘子"、"参门神"。台灯夹戏剧目有30多个，如《洪江渡》、《芦花训子》、《破碗记》、《金陵记》、《九

安顺西路花灯

普定花灯

件衣》、《杀狗劝夫》等。西路花灯的音乐，大量吸收了民歌和唢呐调，以《英台调》和《高调》最为普遍，产生了数百首常用的花灯曲调，除《高腔》、《吹板》、《哭板》、《笑板》、《南悲板》、《女悲板》等板腔体外，绝大部分是民歌体。这一地区，因地戏较盛，花灯不如其他三路突出。

盛行于遵义地区的北路花灯，就相当繁荣了。《遵义府志》记载："正月以姣童扮男女，一执扇，一执手帕，边歌边唱'采茶'。"这一路花灯"采茶"灯最为突出，正如《竹枝词》所称："声声低唤赛兰花，曾记春灯唱采茶"，"等闲四月乡人少，争比元宵唱采茶"，故曲词有《正采茶》、《倒采茶》、《古老人采茶》等。绥阳、正安、务川等地的花灯，还有一段专门的"采茶"程式。在黔北，每当春节即将到来时，到处张灯结彩，纷纷成立"上九会灯"、"龙灯会"、"花灯会"，每县至少几十个，多则百个。灯的形式多样，有龙灯、狮子灯、麒麟灯、牛灯、马灯、蚌壳灯等，还有赛灯活动。这里的花灯，除了演历史故事和民间传说外，还有反映社会现实的"新闻灯"，如清末的《光绪驾崩》，民国初年的《水打狮子桥》、《王家烈打仗》、《拉夫灯》、《修路灯》、《鸦片烟歌》等。

北路花灯，除了源于茶歌、茶舞外，又受川戏、阳戏、庆坛戏影响。因遵义话与四川话接近，移植川戏剧目最为便捷，不少剧本由川戏直接移植过来，只是演出时使用遵义话罢了，并按花灯调进行演唱，自然而然变成花灯剧，遵义大桥一带的"唢呐腔"，几乎跟川戏的"唢呐昆腔"一模一样。在黔北，以祭祀川主、土主、药王、文昌为特点

黔北花灯

黔北花灯

的"阳戏"常与花灯同台演出，造成相互渗透、交融的情况。以"庆坛"为主的"端公戏"，常常夹有花灯，借以增加欢乐气氛，招徕观众，谓之"坛夹戏"。黔北花灯还大量吸收当地的民歌、山歌、号子、薅秧歌、打闹歌等音乐演唱形式，造成"兼收并蓄"的格局，因而曲调丰富，婉转悠扬，"辞情多而声情少"，节奏平缓，自由叙述强于抒情，接近朗诵风格。舞蹈占有重要地位，身段有"蜘蛛牵丝"、"苏秦背剑"、"大圆台"、"半边月"等十多种。步伐多样，耍扇子有"半云扇"、"仰云扇"、"高花扇"、"逗扇""扑蝶扇"等。耍帕有"前帕"、"后帕"、"转帕"、"双帕"、"怀中丢帕"等动作，很有特色。余庆花灯、仁怀花灯、务川花灯各具特点。

WANMARULONG

万马如龙

CHUGUIZHOU

出贵州

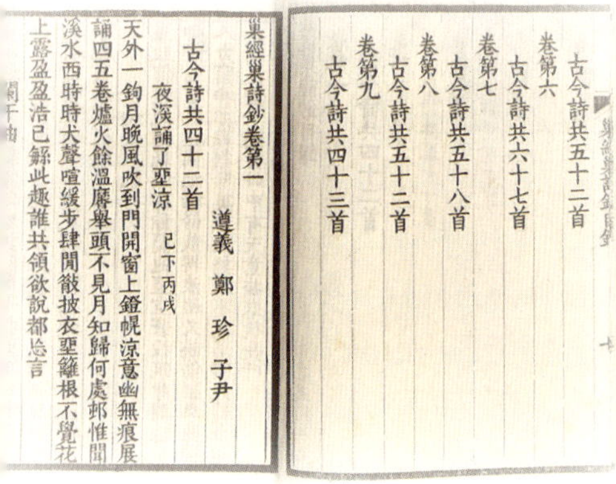
古今詩共五十二首
卷第六
古今詩共六十七首
卷第七
古今詩共五十八首
卷第八
古今詩共五十二首
卷第九
古今詩共四十三首

巢經巢詩鈔卷第一
遵義 鄭珍 子尹
古今詩共四十二首
夜溪誦了埡涼 已下丙戌
天外一鉤月晚風吹到門開窗上鐙幌涼意幽無痕展
誦四五卷爐火餘溫靡舉頭不見月知歸何處邨惟聞
溪水西時時犬聲喧緩步肆閒散披衣埡籬根不覺花
上露盈盈浩已繇此趣誰共領欲說都忘言

清代四川翰林赵尧生，读了贵州大儒郑珍的《巢经巢诗集》，深感贵州人才出众，赞叹不已，欣然命笔，写下了“君看缥缈綦江路，万马如龙出贵州”的诗句。这不仅是对诗人郑珍的高度评价，而且用“万马如龙出贵州”来比喻黔中英才不绝如缕，他们冲出大山，走向全国，做出了卓越贡献。

贵州苍山如海。山，给人灵气与聪慧；山，塑造了贵州人执著、奋进、刚毅、坚韧不拔的性格；山，哺育了一代又一代的大山之子，成为贵州的骄傲。

明永乐十一年（1413年）贵州建省，改变了贵州在全国大棋盘上的位置，政治、经济、文化都发生了显著变化。在“治国以教化为先，教化以学校为本”的方针下，贵州办起了官学、书院、卫学、社学、私塾，并参加全国统一的科举考试，有机会参与人才选拔。贵州开科比云南、四川都晚，与中原相比要晚千余年，但自建省以来，科甲挺秀，人才辈出。明清两代，贵州出了六千举人，七百进士，他们的名字都载入《明清进士题名录》。更可喜的是，清代贵州出了"三鼎甲一探花"。康熙四十二年（1703年）贵阳人曹维城中武状元；光绪十二年（1886年）青岩人赵以炯成为"滇黔两省以状元夺魁天下"第一人；光绪十九年（1893年）麻哈州（今麻江）人夏同龢中状元后又留学日本，成为中国唯一的状元兼留学生；光绪二十九年（1903年）遵义杨兆麟中一甲第三名进士，是为杨探花。

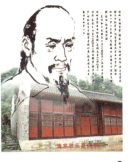

赵以炯　　　　　夏同龢

周渔璜故居——桐野书屋

　　自贵州开科以来，文才隽秀联袂而起。明朝中叶，贵州文坛的领军人物是孙应鳌，是"贵州开省以来人物之冠"。杨龙友以"诗书画三绝"名噪江南，谢三秀被称为"天末才子"。明末清初，一向以为"贵州无人"的孔尚任惊呼吴中蕃的诗"中原名硕凤老未必过也"。周渔璜"异军突起"，列为《康熙字典》修纂官之首。《但批聊斋》是中国文学批评

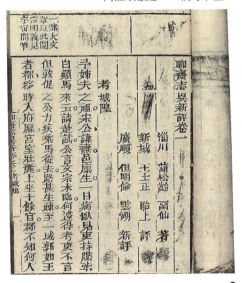

但明伦《聊斋志异新评》

何腾蛟

陈法《河干问答》

《台湾通史》

周钟瑄画像

史上的名著，作者但明伦是贵州广顺州（今长顺）人。自乾隆、嘉庆以来，沙滩文化蒸蒸日上，竟成国内知名的文化区，出了郑珍、莫友芝、黎庶昌这些了不起的人物。

明清两代，贵州人登上全国政治舞台，出了一批名臣。在明末抗清名将中，何腾蛟与史可法、张煌言、郑成功齐名，被誉为"南天一柱"。陈法和韩锬是清初的两个治水功臣，陈法的《河干问答》是中国水利史上的重要典籍。在连横主编的《台湾通史》中，列有27个在台湾做官的人，贵州人有周钟瑄、李嗣业和罗大春等。在清代名臣中，丁宝桢是一个有胆有识的封疆大臣，杀安德海、治理黄河、重修都江堰、改革盐政，"功在于世，利在于民"。李端棻是戊戌变法的重要人物，密保康有为、梁启超、谭嗣同，他的《请推广学校折》成为中国近代教育的里程碑。黎庶昌是贵州走向世界第一人，所著《西洋杂志》列入《走向世界丛书》。在反对外来侵略的斗争中，贵州涌现出许多杰出人物，如率领军民与英军浴血奋战的广州知府郭超凡，临危不惧的天津知府石赞清，在镇南关抗击法军的蔡标，寸土不让的勘界大臣陈灿等。

辛亥革命英烈辈出，有贵州第一个剪去辫子的平刚，有武昌起义副总指挥王宪章，有贵州自治学社领导人张百麟，有为革命流尽最后一滴血的钟昌祚、黄泽霖。国共两党不少重要人物出在贵州。邓恩铭是中共一大代表，王若飞是中共中央第一任秘书长，周逸群是贺龙入党的介绍人，旷继勋是著名的红军将领，周达文率领国共两党重要人物赴苏联学习，龙大道是工人运动领袖。在民国风云人物中，何应钦是国民党第二号军政人物，张道藩是国民党中宣部部长，谷正伦、谷正纲、谷正鼎有"一门三中委"之称。

在近代文化名人中，有名噪京华的姚茫父，有著名文学家、新闻家谢六逸，有"乡土作家"蹇先艾，有著名女书法家萧娴，还有张寒杉、白小松、袁晓岑等书画家。科技精英不断涌现，许肇南开创中国水电工程教育，谌湛溪被英国皇家学会评为世界第14名探矿专家，施今墨是"京城四大名医"之一，张永立是世界宇宙线锥体理论八大奠基人之一，丁道衡是白云鄂博铁矿的发现者。在中国科学院的学部委员（后称院士）中，有6个贵州人，他们是地质学家乐森璕、萧常序，生物学家殷宏章，土壤学家熊毅，化学家邢其毅，数学家秦元勋。

平 刚

张百麟

钟昌祚

张永立　　　　　　　　萧　娴　　　　　　　　许肇南

"诗书画三绝"的杨龙友

　　"白骨青灰长艾箫，桃花扇底送南朝。不因重做兴亡梦，儿女浓情何处消。"古典名著《桃花扇》是孔子六十四代孙孔尚任的呕心之作，它借明末"复社"文人侯方域与秦淮名妓李香君的"离合之情"，写出了南明"兴亡之感"。

电影《桃花扇》剧照

这幕历史悲剧，处处紧扣一把扇子。这扇子，是人世沧桑的见证。当侯方域被迫出走之后，抚臣田仰强逼李香君为妻，香君拒而不从，一头撞在地上，飞溅的鲜血，滴滴洒向扇面。杨龙友看了血扇，深表同情，补衬些翠枝青叶，画成了一枝折断的桃花，引出了这个足可令人"哭一回，笑一回，骂一回"的故事。

这里提到的杨龙友，名杨文骢，字龙友，又号山子。明万历二十四年（1596年），杨龙友诞生在贵阳城南郊的渔矶湾，住宅名为"石林精舍"。这里住着一户书香人家，父亲杨室孔是个有学问的人。杨龙友少负不羁之才，文章剑术皆能，尤擅书画，意有所绘，即伸纸泼墨，如风驰电掣，不能自休。他自幼癖嗜山水，十岁即从父亲登临泰山，朝观日出暮谒月，为"烟峦翠霭"所迷。天启四年（1624年）阖家随父移居南京。住在"二水中分"的白鹭洲，杨龙友时年二十八

《杨文骢书画集》

《龙友墨妙册》

岁。居南京，对秦淮夜月，流连忘返。偕同父亲畅游天台山、雁荡湖，湖光山色，月影松明，"冲惟相狎，恰如读旧书，见故人"。遍历江浙山水，情随景移，景随情迁，跌宕风流之气，大为抒发，于是为诗、为文、为画，成为誉满江南的风流才子，以"诗书画三绝"闻名于世，构成杨龙友的艺术人生。

杨龙友的诗，天才瑰异，玄谐入微，"纤徐以导远，笃诚以达情，引物连类，广博曼衍"，运思之神，斐然生动，能"景烁千秋而俯仰绝代"，被列入"崇祯八大家"之一。他早年的诗，大都收入《山水移》中，妙在一个"移"字，"噫嘻！山水不移，而移山水者龙友"。后期的诗，收入《洵美堂诗集》，"沉詹淹远，有正始之音"。杨诗脍炙人口，"每

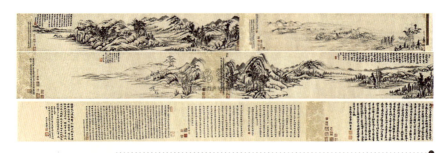

《四贤图山水》，杨龙友、王时敏、张学曾、恽道生合作

吐一语，无不与秋峰竞秀，掷地作金石声”，不少诗作被收入明末付梓的《八大家诗选》。

杨友龙的书法，功力深厚而有创新，字如其人，有潇洒之气。他的字从颜体入手，以章草为本，参以米南宫笔意及杨少师、董其昌布白之法，字体方正，豪迈俊逸。草书扇页，行书楹联、诗轴，题刻“抚松石”，“十竹斋书画谱”题词，“唐人八家诗序”、“道履帖”、《杨文骢尺牍》都是他的书法杰作，为国内外博物馆珍藏。

说到杨龙友的画，南京城里无人不知，“虽片楮尺幅，人争宝之”，与董其昌、王时敏等大家齐名，合称“金陵九子”。他作画，能“纳天地灵秀之气”于胸中，“奇者移而幻，巧者移而淡，俊者移而深，丽者移而幽，奔而峭者移而静且远”，自然、逼真、悠远而得神韵。执明末画坛牛耳的董其昌，见了《山水移》中的画，大为惊叹：“杨龙友生于贵筑，独破天荒，所作台荡等图，有宋人之骨力去其结，有元人之风韵去其佻，余讶以为出入巨然、惠崇之间，观止矣！龙友一日千里，春秋甚富，未见其止。”画兰竹是杨龙友一大绝技，一生不知画了多少兰竹，自比清高，抒发超凡脱俗的情怀。后来，吴伟业作《画中九友歌》，歌云：“阿龙北固持戈矛，披图赤壁思刘曹。酒酣洒墨横江楼，蒜山落月空悠悠。”

也许是树大招风，也许是剧情的需要，杨友龙在《桃花扇》剧中，竟成了个“看不分明”、“说不清白”的“奸诈小人”。这样一来，戏台上的杨龙友，便与历史上真实的杨龙友判若两人，面目全非。杨龙友受诬蔑的原因，说穿了，就是因为他是马士英的妹夫、阮大铖的盟弟，而马、阮二人与阉党余孽勾结，为世人不齿，诚如《明史·杨文骢传》所说："然其父子，以马士英故，多为人诋諆。"史家笔法严谨而凝重，在《杨文骢传》中，我们看到了另一个杨龙友，看见历史上真实的杨龙友。

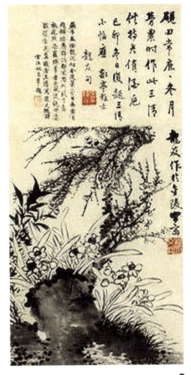

杨龙友作品

实际上，尽管杨龙友出身官宦之家，过着优裕的生活，但他的前半生，一直郁郁不得志，并没有因马、阮的关系飞黄腾达。他六次进京会试，都因不合时宜而名落孙山，年逾三十而功名未就。三十八岁始入仕途，做了个"不入流"的华亭县教谕。几年过去了，好不容易才补了个知县，但不久又因营救复社文士得罪了阮大铖，成了"罢职县令"。他与唐王早年有交，在国家危难之时，弘光王朝起用他在兵部主事，他挺身而出，担当起天下兴亡之责任。

在弘光王朝建立那年，杨龙友受命监军京口，观长江之胜，以金山踞于大江之中，地控南北，为兵家必争之地，于是奏请筑城防御，阻止清兵南侵。不久，龙友升迁兵备副使，分巡常州、镇江二府军务。正当此时，清兵大举南下，扬州陷落，史可法就义，百姓惨遭杀戮，造成了骇人听闻的"扬州十日"、"嘉定三屠"。及至清兵临江，杨龙友驻扎金山，以长江天堑与清军隔江对峙。清军以竹编成巨筏，置灯于筏上，夜半放之中流，大举来攻。杨龙友下令炮击，清兵一败涂地。"羽扇纶巾"，又何尝没有"樯橹灰飞烟灭"的壮举？

然而，大厦将倾，谁又能有回天之力？清军以破竹之势，席卷江南，于五月初九乘迷雾潜渡偷袭，到岸后明军方知，仓皇列阵于甘露寺，遂为清军所败。南京失守，弘光政权就此覆灭。八月，朱聿键在福建称帝，建立隆武政权，以杨龙友为兵部侍郎，不久升任闽浙总督。隆武二年（1646年）六月，衢州告急，龙友提兵驰援。七月，清军蜂拥而至，几路进攻福建，郑芝龙不战而走，吴易兵败被俘，杨龙友独木难支，被迫退守蒲城。他与福建兵备副使孙临合兵一处，欲夺仙霞关以为据点，但关隘已被清军所夺。经过一场血战，杨龙友、孙临寡不敌众，身负重伤，被清军所俘。清军主将贝勒博洛多再三劝降，二人宁死不屈，于八月二十五日壮烈殉国，杨龙友时年五十岁。龙友全家妻妾、子女及仆从三十六口，一同赴难，正是"时穷节乃见，一一垂丹青"。

蒲城人民慕其气节，为之举哀，将其忠骨埋于大树之下。嗣后，孙临的侄子奔往蒲城，寻得杨龙友与孙临的遗骸，举行火化，以衾被裹负送往安徽桐城，葬于城东三十里的枫香岭，人称"双忠墓"。"国存犹尽瘁，事去独成仁"。青山处处埋忠骨，霜叶红于二月花。随着时光的流逝，历史沉淀下来。舞台上的杨龙友毕竟不是历史上真实的杨龙友，真相大白，还了杨龙友一个清白。历史上真实的杨龙友，经过生与死的严峻考验，表现出高风亮节，他是诗人，是画家，是铁骨铮铮的奇男子，是贵州人民的骄傲。

● 令诗坛对贵州刮目相看的吴中蕃 ●

孔尚任是明末清初的文学大家，对同时代人的诗多有点评，根本瞧不起贵州诗人。他在《官梅堂诗集序》中写道："吾阅近诗选本，于吴越得其五，于齐、鲁、燕、赵、中州得其三，于秦、晋、巴蜀得其一，于闽、粤、滇得其一，而黔贵（指贵州）则全无。虽天生之才，其聚散多寡之数不可得知。大抵诗之所在，即人才之所在也。"他以诗来衡量一方人才之盛衰，认为江浙最盛，山东、河北、河南次之，山西、陕西、四川及福建、广东、云南再次之，而贵州完全没有，于是以为"黔阳无人"。

其后，友人唐卿九从贵州来，"盛言其地人才辈出，诗文多有可观者"。孔尚任听了半信半疑，漫不经心地翻起吴中蕃的《敝帚集》，渐为诗情打动，竟至爱不释手。读完之后，欣然提起笔来为《敝帚集》作序，深感抱愧贵州。他写道："先生为人，余无从悉其概。观其诗，则身隐焉文之流，多忧世语，多疾俗语，多支离漂泊有心有眼不易告人语，屈子之闲吟泽畔，子美之放歌夔州，其人似之，其诗似之……兹果得敝帚一集，杂体千余首，即中原名硕夙老以诗噪者，或不能过之，乃知其中未尝无人。"他与吴中蕃素不相识，但从诗中感受到吴中蕃

吴中蕃

吴中蕃《敝帚集》

是一个忧世愤时的人，其人品、节操、诗风似屈原而近杜甫，即使是中原的"名硕夙老"，也未必超过他。《敝帚集》一扫诗坛对贵州的偏见，"使天下知黔中有诗"，对贵州诗人刮目相看。

　　吴中蕃，字滋大，又字大身，晚年自号"今是山人"。明万历四十六年（1618年），吴中蕃生于贵阳城郊石板哨的芦荻寨。吴氏世代书香门第，祖父吴淮是贵州乡试"解元"，父亲吴子骐任兴宁知县，与贵阳名门越氏（越其杰）、杨氏（杨师孔、杨龙友）、潘氏（潘润民、潘驯）为世交。他生活在一个兵荒马乱、改朝换代的"离乱之世"，农民起义风起云涌，明朝灭亡，清兵入关，永历王朝覆灭，三藩之乱又起，"一身戎马内，毕世乱离间"。他早年远游燕赵、吴越、江淮，登滕王阁，看"雄城迫巨浸，帆落众烟起"，临金山寺赏"江心呈岛屿，疑是蜃嘘楼"，观大海见"孤屿似随潮起落，微风能起海波澜"，陶醉山水之间，悠然而有气概。

　　明末天下纷乱，诗风为之一变。眼见纷乱之后的情景，他写道："乱后人家少，三两便成村。似闻山有虎，停午已关门。"清兵入关后，他由江南返回贵州，在《丁亥纪乱》诗中写道："贼去兵来梳与篦，饥成疫作滤而陶。""山河破碎，民不聊生，满目疮痍"，"江流宛转鹤盘旋，荒坟野鬼啾啾哭。"他投靠永历王朝后，任遵义知县、重庆知府、吏部郎中，与遗民诗人郑逢元、钱邦芑、方以智等唱和。然

吴中蕃隐居之地——天河潭

永历王朝内部倾轧，朝政昏暗，他因言事触怒永历皇帝，几乎被斩，于是奉母逃入山中隐居。"十八先生"遇难，使他痛心疾首，他奋笔写道："崎岖万里欲何求，一死难言万事休。有骨不归同远鸟，虚名犹在胜清流。"

清军占领贵州，曾召吴中蕃到云南做官，吴拒而不从，隐居贵阳梦草池。他误以为吴三桂有"反清复明"之志，入吴幕府方知其有"自借帝号"的野心，于是拂衣而归，再入山林。吴三桂之孙吴世蕃败至贵阳，因闻吴中蕃有经世之才，逼其出山相助。吴被逼无奈，只好装疯卖傻，竟将方以智赠他的那方端砚砸得粉碎，痛心之余，写下《断砚草》。晚年，将一生所写的杂吟诗千余首编为《敝帚集》。"敝帚"二字，寓有深意，他自己说："俯仰人群，千古一遇，又安得入梵天以质藏婆竭以永寿哉？是帚也，微独人敝之矣。"他深感"黔故天末，风采之所不及，顾欲以巵言绪论忘意千秋，其谁许我？""家有敝帚，享之千金，不自知其宝也"，"何敢恨人之不知我？天下以人知己，足以不恨"。

吴中蕃生活在风雷激荡、世事多变的时代，颠沛流离，漂泊一生，他不愿与世浮沉，与时俯仰，"愿为江上独立之青峰，不愿为天边弄影之明月"，写出了许多沉郁、幽怨、愤慨的作品，故"多忧世语，多疾俗语，多支离漂泊有心有眼不易告人语"，反映了一个时代的叹息与悲哀，使人心灵为之震动，故孔尚任惊呼："使天下知黔中有诗，自兹大始。"

● 无畏的封疆大臣丁宝桢 ●

　　有一张丁宝桢生前的照片，气宇轩昂。他身材魁梧，"南人北相"，又多又长的花白胡子，飘然胸前，显出大家风范。目光炯炯，两眼直视远方，使人感到正气逼人，不由得肃然起敬。杀安德海一事，朝野震惊，天下人拍手称快。那"小安子"，虽说是个太监，却仗着"老佛爷"（慈禧太后）的宠信，飞扬跋扈，为所欲为，连同治皇帝也不放在他的眼里，谁也不敢动他一根毫毛。清同治八年（1869年）七月，慈禧太后命安德海赴苏州采办龙袍，取道运河南下，坐船上挂着"奉旨钦差"、"采办龙袍"两面大旗，趾高气扬地来到山东，沿途官员不敢稍有怠慢。山东巡抚丁宝桢得到皇帝密诏"俟机诛杀安德海"。安德海乘船至临清南湾登岸，至泰安即被捉拿，连夜送往济南审讯，以"太监私自出京"定罪，奏请立即正法。左右的人大惊失色，劝道："丁公虽不怕死，难道不顾及子孙？"丁宝桢喟然而叹："为民除害，身家性命早已置之度外。"

　　自电视连续剧《丁宝桢》在全国播放后，这位"前门接旨，后门杀人"的清代名臣丁宝桢，就在人们心目中留下鲜明而深刻的印象。这部电视剧是山东电视台拍摄的，剧中场景多在山东，那些惊心动魄的故事也在山东发生，所以，一般观众都以为丁宝桢是山东人。其实，他是贵州平远州（今织金）牛场人。丁宝桢生于嘉庆二十五年（1820年），咸丰三年（1853年）中进士，从此步入仕途。他在山东做了十年巡抚，又在四川任了十年总督，于光绪十一年（1885年）在成都逝世。

　　噩耗传出，山东父老悲恸、惋惜、哀叹，请求朝廷将丁宝桢灵柩运回山东，葬于历城（今济南）九华山麓。灵柩运至山东，哭声震天动地，人们呼喊、哭泣。一个外乡人，被山东视为"贤良"，恳请将他归葬于山东，为他立祠供奉，这是何等的褒奖和爱戴。他离开山东已经十年，人民对他如此思念，思之深，爱之笃，说明他的不朽。

　　人们永远不会忘记，丁宝桢在山东为民造福的业绩，他时刻关怀民间疾苦，把治理黄河水害作为"政事第一要务"。同治十年（1871年），黄河在山东郓城侯家林决口，人民叫苦不迭。这本是河官的事，而丁宝桢自告奋勇，奏请主持治河工程，下令各级官员，"倘敢阳奉阴违，有心贻误，一经验实，即将该官员正法"。雷厉风行，于次年春工程告竣。同治十二年（1873年）秋，黄河在直隶开州石庄户决堤，口宽3里许，

丁宝桢

慈禧特为丁宝桢写了一幅字"国之宝桢"

河南、河北、山东、安徽、江苏数十州县悉被淹没,灾情十倍于侯家林,而五省河官束手无策,互为推诿。时值丁宝桢请假回家修墓,闻讯于千里之外,即赶回山东,不忍民生沉沦、运道废弃,毅然担起河道工程之事,亲往石庄户踏勘,昼夜抢修,在东明谢家庄至东平十里堡筑堤250余里,将河水引归旧道,名曰"障东"。大堤终于在次年暮春合拢,事半功倍,省银400余万两,人民感激不尽。升任四川总督后,光绪初年山东又发大水,丁宝桢爱民心切,自捐巨款,并倡议川中官绅捐资救灾,令其子丁寿鹤押解16万捐银赈济救灾,人民"咸思报以馨香"。这种勤政爱民的好官,山东人民怎能忘怀?

光绪三年(1877年)三月,丁宝桢出任四川总督,莅任即赴都江堰视察,见堤堰多年失修,涨水时节成都平原遭水害,决定重修都江堰。起初改筑石坝,但洪水到来即将堤坝冲垮。他认真检讨失败原因,察知古人用鹅卵石竹笼筑堤易于使水"溢泄",于是恢复古法。用了4个月时间,共挖出淤泥40万方,砌筑堰堤12 000丈,修复人字堤130余丈,分水鱼嘴3处。又维修了飞沙堰、白马槽、平水槽等导洪工程,于沿江两岸植树保持水土。重修都江堰大功告成,川西十四州县无旱涝之忧，田原美美，百姓晏然。他死后，四川人民感其功德，在都江堰的二郎庙为他立起塑像，至今为人瞻仰。

自鸦片战争以来，民族灾难深重，在这"烽火惊传遍九州"的岁月，丁宝桢主张"以战制和"，面对列强"船坚炮利"的现实，他以开放的眼光看待世界形势，痛斥"墨守故常"的言论，致力于"求富自强"的洋务运动。认为中国要自强，必须学习西方的科学技术，"精求武备"，"仿照外洋枪炮之巧如法制造"，方可"弃我之短，

都江堰丁宝桢塑像

夺彼之长"。在山东，亲自踏勘海岸，在马头嘴、石岛、烟台、庙岛、小石岛等洋舰必经之处构筑炮台，密植树木以作掩护，创办山东机器局，保举薛福成、黎庶昌、徐建寅等到局任事，又派道员张荫桓到天津访求制造之法，购办机器、招雇工匠，制造火药、枪械。到四川后，又奏请设立四川机器局，以曾昭吉主持洋务，自制水轮机，并制造弹药、枪炮，四川近代工业由此发端。

在四川总督任上，他还做了一桩利于国计民生的大事，即是实行"盐政改革"。盐是四川经济的重要命脉，是财政收入的大宗，但在此之前，由于体制僵化、官员腐败、走私猖獗，盐业一落千丈，致使财源枯竭，滇黔食盐困难。丁宝桢到任后，大力推行盐政改革，将"官运官销"改为"官运商销"，在盐场设立厂局，在销售口岸设立岸局，将盐发给商人经销。为使川盐运销畅通，首先废除沿途关卡的苛捐杂税，一律并入盐税统一征收。严惩贪官污吏，将中饱私囊的四川盐茶道蔡逢年撤职查办，一扫官场积弊。又大力打击盗贩私盐的奸商和走私集团，将横行长江的大股私枭"江大烟杆"、"谭二疯子"等人

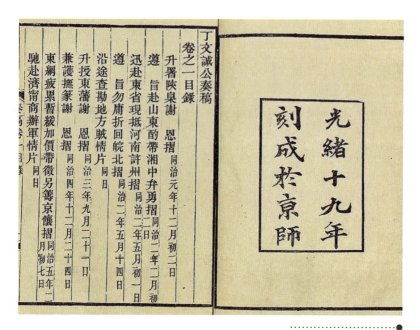

《丁文诚公奏稿》

斩首示众。此事激起四川地方势力的反对，官僚与奸商勾结，争相弹劾，称丁宝桢的改革"利少弊多"、"盐务出纳不实"，朝廷几次将他降职留用，而丁宝桢冒着巨大风险坚持改革。几年后，川盐勃然大兴，每年行销24 000引，财税骤增。他设立川盐入黔四大口岸，即永岸（四川叙永）、仁岸（贵州仁怀）、綦岸（四川綦江）和涪岸（四川涪陵），使贵州人民食盐不再困难。盐政改革，利国利民，不失为"同（治）光（绪）中兴名臣"。

● 维新变法决不能忘记李端棻 ●

戊戌变法是中国近代史上的一件大事。变法的宗旨是"革旧维新"，制宪法以"明立国之本"，设议院以"采天下舆论"，兴学堂以"广开民智"，求富强"以工商为先"。以"雷霆霹雳之气"，"成造天立地之功"，达到"救亡图存"之目的，是一次伟大的爱国运动。倡导变法的康有为、梁启超自然是大名鼎鼎的人物，谭嗣同等六君子为变法慷慨捐躯的故事也广为传颂，而密保康有为、梁启超、谭嗣同的李端棻，却鲜为人知。人们的关注点集中在变法的台前活动，却忽略了在台后支持变法的李端棻。其实，李端棻是变法中非常重要的人物。梁启超曾说："李端棻屡上封事，请开学堂、定律例、开懋勤殿、大誓群臣诸大事，二品以上大臣，言新政者一人而已，故上特拔为礼部尚书。"变法虽以"百日维新"而告终，然"兴学堂"却成了不可抗拒的历史潮流，李端棻的《请推广学校折》便是近代教育的重要里程碑。

李端棻

李端棻，字苾园，于道光十三年（1833 年）生于贵阳的长春巷。幼年丧父，靠叔父抚养成人。叔父李朝仪是个清正廉洁的官吏，做过大名知府、顺天府尹等官，对端棻视如己出，关爱有加，故端棻立身行事一如朝仪，大节凛然不可犯。端棻弱冠补博士子弟员，同治二年（1863 年）中进士，入翰林院，后出任山西、顺天、广东、四川、山东乡试主考官及全国会试副总裁，历任云南学政、监察御史、刑部侍郎、工部侍郎、仓场总督，在变法的关键时刻被破格提拔为礼部尚书。

光绪十五年（1889 年），李端棻以内阁学士衔典试广东。考生中有一英俊少年，年方十七，气宇轩昂，才华横溢，文章颇能"熔经铸史"，他就是广东新会人梁启超。阅梁启超考卷，端棻不觉拍案叫好，如此少年，竟有这般学问、这般见识，将来必有大用，于是取为举人第八名。言谈中，李端棻知启超胸怀大志，忧国忧民，李端棻的叔父李朝仪有一女名李蕙仙，未曾婚配，李端棻欲将堂妹许配梁启超。但鉴于主考官的地位不便启齿，便托同考官王镇江做媒。王亦有一女，年方妙龄，也想许以梁启超，但已受端棻嘱托，不便再提。两年后，梁启超到北京与李蕙仙完婚，从此与李端棻朝夕相处，他们有师生之谊，有姻亲之情，是挚友，又是忘年交。每聚首，娓娓而谈西学，侃侃而谈"维新"，心心相印，志同道合。梁启超回广东期间，值康有为在广州设馆于万木草堂研读中西学术，启超听其言论，深受感动，于是"请业南海之门"，"自是决然舍去旧学"，追随康有为，自此，康、梁与李端棻结下不解之缘。

光绪二十一年（1895年），中国在"甲午战争"中失败的消息传出，丧权辱国的《马关条约》激起全国公愤。四月初七，康有为、梁启超在北京松筠庵召集在京应试的1 300名举人集会，请求朝廷"下诏鼓天下之气"，"迁都定天下之本"，"练兵强天下之势"，"变法成天下之治"，这就是历史上著名的"公车上书"。康有为一连六次上书皇帝，终因人微言轻，"大臣阻隔不能上达"。早在光绪十四年（1888年），康有为血书《上皇帝第一书》，满以为可请礼部尚书徐桐转呈，三诣门下，终未获见。继又请国子监祭酒盛昱递交，盛昱将此书交光绪皇帝的老师翁同龢，翁以为"语太汗直，无益"，"恐以此获罪"，不肯代呈。又将此书转交御史祁世长，祁虽"急称其忠义"，但感风险太大，称病在家，不予转呈。按清朝制度，四品以下官员不能面见皇帝，康有为、梁启超乃一介布衣，根本无法向皇帝陈述变法之事，若不是李端棻密为引见，极力保举，"并于召对时一再面陈"，维新派人士很难进入政府的决策圈，恐怕连"百日维新"也未必出现。此事纯属机密，局外人很难知晓，致使李端棻保荐之功湮没无闻。

时虽隐秘，而当事者了解最深。康有为在《南海先生自编年谱》中写道："上（指皇帝）之用谭嗣同与我，同为徐学士（徐致靖）及李苾园尚书所荐。""时李端棻尚书荐奏甚力。"又说，"上以枢臣老耄守旧，而又无权去之，乃专用小臣，特加侍读杨锐、主事刘光第、中书林旭、知府谭嗣同以四品衔，为军机章京，参与新政。"梁启超在《戊戌政变记》中写道："皇上因西太后及大臣疑忌，不敢用康，而特擢此四人，其用心之苦，有非我人所能知者。"

变法一开始就拖着十分沉重、艰难的步履，尽管维新派满腔热情，光绪帝舍位忘身，但主宰朝廷的慈禧太后却坚持"祖宗之法不能变"，朝中大臣皆看"老佛爷"眼色行事，变法只能秘密进行。但光绪帝决心已定，于光绪二十四年（1898年，即戊戌年）下"定国是诏"，宣布变法，"一切维新，基于此诏，新政之行，开于此日"。在此千钧一发之际，李端棻挺身而出，于六月初六上《变法维新陈当务之急折》，不失时机地推动变法。七月二十三日，光绪帝实授李端棻为礼部尚书，辅佐皇帝变法。大祸终于来临，八月初八慈禧太后公开"训政"，下令缉拿康有为、梁启超，将谭嗣同等六人"立即正法"，对支持变法的大臣"永远监禁"或"革职永不叙用"，将李端棻"发配边疆，交地方官员严加管束"。被解职离京时李端棻赋诗一首："怕听中秋月有声，要从菜市哭忠贞。幸予被遣为迁客，匹马秋风离帝京。"

李端棻《请推广学校折》收入其中

变法虽然失败，但"废科举，兴学堂"则开启了近代教育，改变了中国的文化面貌。此事源于光绪二十二年（1896年）五月初二，李端棻所上的《请推广学校折》。李端棻强调"时事多艰，需才孔亟"，"人才之多募，系国家之强弱"。他提出了"一经五纬"的方略，以学校为"经"，以设藏书楼（图书馆）、创仪器馆（科学实验室）、开译书局、广立报馆、选派游历者（留学生和出国考察）为"纬"，"推而广之"，扩大文化教育。学校是根本，"自京师以及各省府州县皆设学堂"。府州县学，收12～20岁者入学，除学经史外，开设算学、英文、天文、地理、格致（物理、化学）等基础课程。京师及各省设大学堂，"分斋讲习"、"各执一门"、"益加专精"，专攻算学、舆地、英文、格致、制造、兵事、矿冶、时事、交涉（外交）诸学，中国高等教育自此发端，于是孙家鼐奏旨开办京师大学堂（即北京大学前身）。李端棻提倡"新学"，重普及而贵专精，讲"致用"而不空谈，重"试验"而不钻故纸堆，求"多士而不限功名一途"，实为中国教育制度的根本变革。他认为人才的培养非学校一途，要"推而广之"，设藏书楼以扩大知识传播，创仪器馆以推进科学技术，开译书局引进西学，

李端棻墓

广立报馆以知天下大事，选派游历者可得"绝域之士"。《请推广学校折》提出了一个全面、系统而又可行的文化教育改革的纲领，并得到皇帝认可，成为政府决策，从此全国各地办起大学堂、中学堂、小学堂，选派留学生出国，中国近代文化教育自此发端，影响极其深远。

光绪二十七年（1901 年），李端棻遇赦回贵阳。古稀之年，意志不衰，不忘"萌芽新政要施行"。

他主讲经世学堂，宣扬"培根论"、"进化论"、"天演论"和"三权鼎立说"。又联合贵阳士绅创办贵州省公立中学（即贵阳一中前身），光绪三十三年（1907 年）卒于贵阳，享年 75 岁，葬于贵阳东郊大关口（今永乐乡大关村），墓志铭为梁启超所撰。

● "贵州走向世界第一人" 黎庶昌 ●

黎庶昌

清光绪二年（1876 年）中国正式派出驻外使节，黎庶昌随郭嵩焘出使欧洲，登上英国"塔拉万阔"号海轮，驶过东南亚，进入印度洋，然后过苏伊士运河，横穿地中海，越过直布罗陀海峡，入大西洋，抵达英国伦敦。他在欧洲住了六个年头，做过驻英、法、德和西班牙四国使馆参赞，游历了英、法、德、西班牙、比利时、意大利、奥地利、瑞士诸国，将所见所闻所感写成《西洋杂志》，向国人展示西方文明。光绪七年（1881 年）和光绪十三年（1887 年），黎庶昌两度出任驻日公使，在复杂的环境中与日本官方交涉、周旋，以其学养同日本朝野文士友好交往，出色地开展外交活动，被誉为"全才之君子"。他是中国首批派出的外交官之一，是贵州走向世界第一人。

　　黎庶昌，字莼斋，别号"黔男子"，道光十七年（1837年）生于遵义的沙滩。黎氏一门，以"耕读为业"、"诗礼传家"，从小受到良好的儒学教育和传统文化熏陶。祖父黎安理、伯父黎恂、父亲黎恺都是有学识的人，他们辞官后在沙滩设馆教授族中及邻里子弟。兄长黎庶焘、黎庶蕃、黎兆勋及表兄郑珍、内兄莫友芝都是诗人、学者。咸同战乱，贵州科举停考，黎庶昌远赴顺天府参加乡试，两次落榜后滞留京师。同治元年（1862年），皇帝下"求言诏"，黎庶昌不揣冒昧，以布衣之身上了一道《上皇帝书》。他披肝沥胆，直陈利害，痛斥时弊"三大害"，提出"四大变"，旨在"为一代除积弊，为万世开太平，为国家固根本，为人生振气节"。朝廷为了表示奖励，特"加恩以知县用"，发往曾国藩大营差遣，在思想上多得曾公教诲，成为"曾门四弟子"

黎庶昌故居

《西洋杂志》中《巴黎大会记略》

之一。他在江南做了十几年小官，最高为江苏候补知州。封疆大臣丁宝桢发现黎庶昌是一个"通识之士"、"任事之人"，于光绪元年（1875年）以"志节坚毅，抱负甚伟"保举他入总理各国事务衙门，从此开始了他的外交生涯。

　　这正是中国历史"大变局"的时期，自鸦片战争以来，列强不断侵略，国势危艰，一连串的失败，一次又一次签订不平等条约，把中国推向危险的边缘。当列强以武力打开中国大门之初，人们从血的教训中得到的直观感觉，首先是西方国家"船坚炮利"，要自强必须"师夷长技"，"自强以练兵为要，练兵以制器为先"。奕䜣、曾国藩、李鸿章等掀起"洋务运动"，然而中国长期"闭关自守"，对西方国家的情形知之甚少，有必要派人前往欧洲各国"探其利弊"，黎庶昌便以参赞身份到欧洲考察，写成《西洋杂志》一书，在黑暗中打开一扇天窗，透进了一线"西方文明"。

　　他去到伦敦，看到西方国家的繁荣，仿佛进入了另一个世界。伦敦有大小街道万条，房屋41万幢，居民约400万人，"大于上海二十倍"，他惊呼，"伦敦为地球上第一大城，无论何国莫之与竞。"泰晤士河上架有数座大桥，岸边有火轮码头。这里有火轮车（火车）行驶，街上有双马和三马的载客马车，道路铺以白石，房屋多是四五层楼的建筑，临街面有大玻璃窗，城内设有电报局、信局、银行、教堂、救火局和各种商店，街上安装36万盏煤气灯，夜晚光照如昼，"富庶为天下冠"。他盛赞西洋都会街道之洁净，首推巴黎，宽广的道路两旁"悉皆种树"，树林中有咖啡馆、油画院、马戏馆，树荫下安设木凳小憩，夜间灯火通明，杂以车马往来之灯，"如贯珠，如游龙"，人道是"地球上街道第一"。使他最感新奇的是巴黎的地下水道和伦敦的地下火车，是为欧洲城市的"两绝"。

他遍游欧洲各国，景慕之情油然而生，写道："二十日间，游行一万余里，非有轮船、火车，能如何是乎？"联想起国内的驿道，人挑马驮，骑马坐轿，不觉有"天渊之别"。他参观了伦敦电报局和地下电缆，数千里可以互相通报，神速异常。尤感惊奇的是，欧洲又发明了电气，电灯取代了煤气灯，他深有所感地写道："至于轮船、火车、电报、信局、自来水、电气等公司之设，实辟天地未有之奇，而裨益民生日用甚巨，虽有圣智，亦莫之能违矣。"他特别关注军火制造，认真考察了英国的乌里冶制炮厂、阿姆斯汤制炮厂和德国的克鲁特钢炮厂等，深知"彼国枪炮强于我"的缘由。使他感触最深的是，造纸本是中国发明，而西方造纸，两部机器日产纸万丈，"可为速矣"。中国的瓷器先于欧洲，而"西洋瓷器，若论做法之精，实远在中国之上"。中国沿用木版印刷，而西方已采用铅印、影印，他深刻认识到西方经济优于中国的原因，在于"中国以人工，西方用机器，西人能为百者，中国只能为一，优劣巧拙遂殊耳"。

他深入生活，全面考察西方社会，感受西方文明。他参加了一些国家的宴会、茶会、舞会、诗会，观看了巴黎灯会、伦敦赛马、西班牙斗牛及伦敦的赛船、溜冰、马戏、摸鱼馆、油画院、戏馆、报馆，感触良多。西人虽然"嗜利无厌"，但"官无贪墨，好善乐施"。监狱无死刑，而"人怀自励，几于道不拾遗"。"用兵服而后止，不残虐百姓"。婚姻立约，男女同座，尊重女权为中国所不及。开设报馆，发布消息，注重公共舆论。设公园供人游览，不像中国的御花园、私家园林只供少数人享乐。西方人重科学，讲教养，"都会乡镇各有义塾，自数所至数十所"，经费共捐或独捐，年满五岁即入学，大学专习天文、机器、画工、医术、光学、化学、电学、气学、力学。这一切使他感到"国之致富，盖本于此"。

在《西洋杂志》中，他看见了西方政治制度的优越，突破了洋务派"中学为体，西学为用"的樊篱，站得更高，看得更远，想得更深。他意识到，要使中国富强，不唯要"变器"，而且要"变法"，改良政治制度。他考察了英、德、西班牙的"君主立宪"，国家大事由议会讨论，国王签押而行，"君民一体颇与三代同"。法国实行"共和制"，总统由民选举，党派在议会中争论激烈，遇事举手表决，"此民政之效也"。瑞士不设总统，由议会共推七人执政，这种制度"无君臣上下之分，一切平等"，是为"民政之国"。他以《俄皇遇刺》为题，抨击君主专制。他对中、西政治制度进行比较后说："中国君主专制之国，有事则主上独任其忧，臣下不与其祸。"话虽委婉而倾向却很明显，摒弃了洋务派"中国文武制度，事事远出西人之上，独火器万不能及"的错误理论，实为维新变法的先声。在驻日公使任上，见日本"明治维新"之后国势日强，他上《敬陈管见折》，强调"穷则变，变则通，通则久"，指出："今日所宜加意讲求者，专在整饬内政矣！""如今时事，诚宜恢长圣量，稍稍酌用西法。""若徒因循旧贯，意气相高，授汉家法度以自解，臣虑后悔仍未已也。"

此时日本正向外扩张，对中国虎视眈眈，制造事端，企图侵占台湾等。黎庶昌洞察形势，维护国家民族利益，与日本外相井上馨反复辩论，不失泱泱大国使者的风度。他以深厚的学养开展民间外交，广交东瀛文士，以道德文章为人景仰，日本朝野各界称他为"全才君子"。在使馆西边，有座可登高临远的山冈名为芝山，秋高气爽时节，红叶满山，层林尽染，冈上有楼，名为"芝山红叶馆"。这里是黎庶昌与日本友人聚会唱和的地方，春日踏青时，重九登高日，楼中高朋满座，谈笑风生，觥筹交错，即席赋诗，正是"小楼一角露屏颜，洒落风霜夕照间"。与黎公交游的文士多至七八十人，每当聚会，"团座胶肠，欢如一家"，一人赋诗，众人唱和，这些酬唱之作，后来收入《黎星使宴集合编》，成为中日人民友好往来的历史见证。文士中有一君子，仰慕华风，他就是正六位史官藤野正启。两人相见，如同故人。光绪十年（1884年）黎庶昌丁忧回籍，返回日本时藤野君已溘然长逝，黎庶昌百感交集，情思飞动，挥洒而成《日本正六位藤野君墓志铭》，三四百字，处处见情。故人已去，留下孤儿寡母，黎氏夫妇收其女藤野真子为养女。光绪十六（1890年）年黎庶昌夫人赵氏病故，真子一字一泪写成《清国钦差大臣黎氏公夫人赵氏墓志铭》，遥寄贵州遵义。两块情深意真的墓志铭，牵动着两国人民的心。

● 乐嘉藻与巴拿马万国博览会 ●

　　1915 年为庆祝巴拿马运河开通，美国在旧金山举办巴拿马万国博览会，要求各国送展，从此有了世界博览会。人们但知茅台酒在巴拿马万国博览会获奖，却不知在这次博览会上贵州的获奖项目共 24 项。获金奖的有贵州茅台、玉屏箫笛和大方漆器，都匀毛尖获优秀奖。但值得注意的是，在教育馆中，贵阳达德女校、女子手工学校、育英高等女学得了金质奖章。得金质奖章的还有贵阳贞云记的艾粉；得银质奖章的有惠水山丝和省农业学校的山丝、遵义山蚕讲习所的丝锦等；得铜质奖章的有印江白纸，贵州官运出品的白蜡、苗锦垫、贞丰白纸、礼帽，安顺白纸和革靴。此外，遵义纱、山丝、末砂及片砂得"奖词"。贵州产品和教育走向世界，得力于贵州人乐嘉藻，然而，这位使贵州走向世界的人却被人们遗忘，叫人深感抱愧。

　　乐嘉藻，字采澄，清同治七年（1868 年）生于贵州黄平，后随父亲移居贵阳，住在普定街（今黔灵西路）乐家大院。光绪二十一年（1895年）进京会试，在"公车上书"上签名。严修在贵州改革学古书院（后称经世学堂），乐嘉藻以高材生入选，兼通中、西之学。通过乐家在外地的商号，他购回许多新的图书和报刊，使乐家成了贵阳的"新书之府"。与平刚、蒲绍光、彭述文等相聚谈论国事，创办了"科学会"和乐群小学，后来又与于德楷出资办贵州公立师范学堂，自费到日本考察教育，受聘为贵州优级师范学校教员、校长。宣统元年（1909 年）他被推选为贵州咨议局议长，当选贵州教育总会会长。他在辛亥革命中持"稳健"态度，

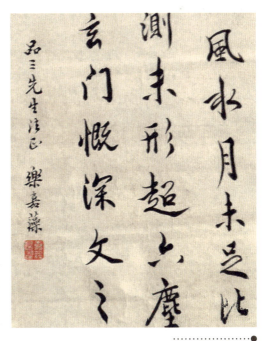

乐嘉藻书法

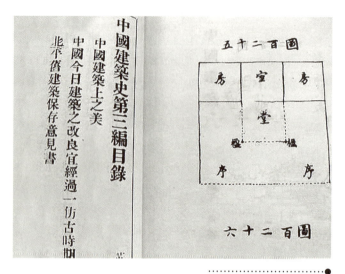

乐嘉藻《中国建筑史》

促进"自治学社"与"宪政派"联合，周旋于两派及官府之间。1911年"贵州大汉军政府"成立，乐嘉藻任枢密院枢密员，极力调和两派斗争。不料，宪政派请滇军入黔，颠覆了大汉贵州军政府，杀害革命党人，乐嘉藻气愤之下离开贵州，寓居北京、天津，从此未返故乡。

1923年，乐嘉藻任天津商品陈列所所长，负责征集全国各地的名优产品。时值美国拟在旧金山举办巴拿马万国博览会，邀请中国参加，农商部令乐嘉藻兼办中国参展筹备事务。乐虽在京、津而心系贵州，尽量推出贵州产品，并代表中国护送产品参加巴拿马万国博览会，让世界认识中国，认识贵州。博览会的盛况及得奖项目，鲜为人知，幸亏乐嘉藻著有《巴拿马赛会直隶协会丛编》11卷，最近，他的后人来贵阳，捐出了他的大量遗稿，其中就有巴拿马赛会的记录。

乐嘉藻博学多才，长于诗词、书画，对文字学、金石学、史学、文学颇有研究，尤精于中国建筑史。他曾在京华美术专科学校讲授过建筑史，广泛收集文献资料、图录、照片，历时十余年，于1933年出版了《中国建筑史》，成为我国最早的建筑史专著，比梁思成的《中国建筑史》早8年。他还写了《考察日本实业报告》和《贵州党争事略》。晚年赋闲在家，收集古籍、金石、古玩，咏诗作画，1944年3月病故于北平寓所，享年77岁。

● 名噪京华的"弗堂先生"姚华 ●

姚华

姚华（1876~1930），原名学礼，字重光，号茫父，世称"弗堂先生"。光绪二年（1876年）生于贵阳，19岁应童试，以"三鸟群飞一鸥翔"的佳作名列县学榜首。光绪二十三年（1897年），贵州学政严修改革学古书院（后称经世学堂），选拔40名高材生入学，姚华以"异才"入选，成为贵州第一批"学兼中西"的人才。光绪三十年（1904年）成进士，时逢"新政"推行，他被送往日本留学，入东京政法大学。回国后，他任工部虞衡司和邮传部船政司主事，从此定居北京。家住北京城南烂漫胡同莲花寺，取居室名为"弗堂"，画室为"莲花龛"，一住20年。民国初年当选临时议会贵州议员，以后在中华大学、清华大学、民国大学、朝阳大学执教。1914年出任北京女子师范大学校长，1925年创办京华美术专科学校（北京美术学院前身）。后因脑溢血使左臂致残，居家著书、作画，画上每题"残臂作"三字。1930年旧病复发，病逝于北平，葬于西直门外姚山。

姚氏之学，本于经史，旁通诸子百家，尤精"小学"（古文字学）。他深受郑珍、莫友芝"汉学"影响，又得良师雷廷珍点拨，精通《说文》，于音韵训诂、金石文字有很深造诣，裴然而有著述。所著《书适》，探求我国文字源流递变。《小学问答》，深入浅出地阐明六书要旨，音韵精微。《黔语》把贵阳方言的特征与民风民俗结合考察，观今以证古。

姚华对词曲有精深研究，发前人之所未发。《菉猗室曲话》校正明代传奇刻本的谬误，考订精确。以严谨的方法，著《元刊杂剧三十种校正》，校勘《六十种曲》。《曲海一勺》为其力作，以发展的观点审视中国传统文学艺术，认为诗由四言渐变为五言、七言，然后由诗递变为词，由词递变为曲，在继承的基础上不断创新。对京剧改革多有灼见，为著名京剧演员王瑶卿、梅兰芳、程砚秋等推崇。一生著述宏富，自订文稿31卷，题为《弗堂类稿》。

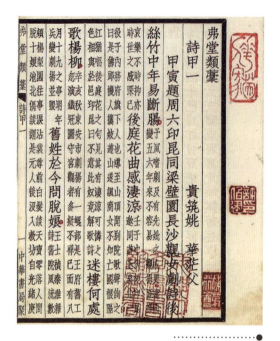

《弗堂类稿》　　　　姚华颖拓作品

姚华作品

近百年画家中，陈师曾、姚华、王梦白、齐白石堪称大家。姚华论画，必欲"胸无古人，目无今人"，以为胸无古人则无樊篱，目无今人则无瞻循，"意在笔先，不囿一格"。姚画多山水、花卉，其画得力于书，得境于诗，虚实相生，活脱不羁，情不尽，笔不止，山外浮山，水外绕水，奇兵侧出，墨点如啼，痕化鼓声，山鸣壑应，林海惊风。

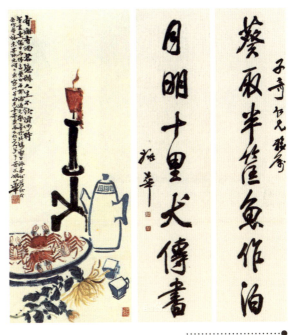

姚华书画作品

画笺尤其精湛。

当时北平清泌阁、淳菁阁出售的画笺，大都是陈师曾、姚茫父作画，寥寥数笔，潇洒不俗。郑振铎《北平笺谱序》说："姚茫父先生之作唐画砖笺，西域古迹笺，虽仿古不同创作，然亦开后来一大派。"铜刻异军突起，"民初琉璃厂刻铜之盛，刻品之精，有赖书画家姚茫父、陈师曾与刻工张寿丞、孙华堂、姚锡久"，别具一格。

颖拓是姚华一大绝技，摩挲碑版、书籍，别出心裁，妙趣横生，实为艺苑的一朵奇葩。颖拓以毛笔、水墨、绢、纸为工具，如书如画地随意涂抹成形，摹拟金石造像，讲究传神写照，古朴隽永，富有韵味。郭沫若称赞姚华的颖拓"实古今来别开生面之奇画"，能"传拓本之神，写拓本之照"，"有如水中皓月，镜底名花，玄妙空灵，令人油然而生清新之感"。

姚华的书法得力于古文、金石，贯穿古今，会通变化，成为艺林之奇。其书篆、隶、真、草皆有法度，小楷尤精。篆书用笔遒劲，参与钟鼎之趣。隶书笔势高起高落，"明折潜转"。楷书深得莫友芝"以隶入楷"之法，"方中有圆，体韵不变，酷似北碑"。细字学欧（阳修）颜（真卿），

姚华篆刻铜墨盒

圆形铜墨盒，姚华与张
樾丞合作

杂以六朝造像风韵，愈细愈佳，精美异常。

姚诗形式多样，各种体裁都能运用自如，具有清新流畅的特点，诗中有画，画中有诗，心与物通，情与景融，别有一番情趣。词造诣深厚，才气宏达，题材多面，声律稳贴，小令多于长调。1924年，印度诗人泰戈尔来华，与姚华相会，两位诗人彼此钦慕。姚华将泰戈尔的《飞鸟集》改写成五言韵文，传达了诗人"那时的一点极为微妙但极真实的灵机"，徐志摩对此称赞不已。

姚华国学根底深厚，诗词书画无所不精，又通"西学"，在弘扬中华文化上多有创新，是中国文化转型期的代表人物，"名声冠绝燕京"，是贵州乃至全国的文化名人。

● "京城四大名医"之一的施今墨 ●

施今墨（1881~1969），原名毓黔，字奖生，生于贵阳。13岁从舅父习中医，20岁即可独立行医。但父亲力主他入仕途，光绪二十八年（1902年）将他送入山西大学堂，后转入山西法政学堂。光绪三十二年（1906年）保送入京师法政学堂。他在京结识黄兴，加入同盟会。中华民国成立，黄兴任临时政府陆军总长，施今墨协助黄兴制订《陆军刑法》、《陆军审判章程》、《陆军惩罚令》。后回山西组织尚志学会和尚志学校，1917年出任湖南省教育厅厅长，1919年创办香山慈幼院。他见政局多变，社会腐败，1921年决心弃政从医，悬壶济世，改名为"今墨"，以表崇尚墨子"兼爱"精神。

　　1929年国民政府拟废弃中医，施今墨组织"华北中医请愿团"到南京请愿，在社会舆论的压力下，国民政府收回成命，并批准成立中央国医馆，以焦玉堂为馆长，施今墨为副馆长。1932年，施今墨在北平创办"华北国医学院"，自任院长。办学的宗旨是培养高质量的中医人才，使中医发扬光大，主张兼容并包，中西医结合，取长补短。课程以中医理论为主，讲授《内经》、《伤寒》、《金匮要略》、《难经》和《温病条辨》，开设西医的生理、病理、药理、解剖、内外科、细菌学等课程，加开日语和德语课。华北国医学院开办16届，第一届40人，共培养中医600余名，贵州名医袁家玑就是这所学校的毕业生。

　　1935年，国民政府颁布《中医条例》，对中医进行考核，聘请医术高明、德高望重的名医为主考官。北平选出施今墨、萧龙友、孔伯华、汪逢春为主考官，这四人被誉为"京城四大名医"。1945年，施今墨作为华北医药界代表，当选国民代表大会代表和立法委员，提出了"整理中医书籍案"、"改革中药剂型案"和"兴办中医院校案"。1949年，

施今墨

《施今墨对药临床经验集》

施今墨拒绝国民党"敦请"撤到台湾，于9月与30多个"立法委员"申明接受中国共产党的领导。

中华人民共和国成立后，卫生部副部长傅连璋拜望施今墨。1953年周恩来总理接见施今墨时说："施老先生，我想请您当老师，谈谈祖国医学发展问题，这是当务之急的事。"施今墨表达了他振兴祖国医学的愿望和中西医结合的主张。周总理听了后说："在新中国，中医一定会有新的发展、新的变化。中医不但要在国内占有重要地位，而且要把它介绍到国外去，让西方懂得，中医是人类医学宝库中的重要财富。"

施今墨的理想得以实现，衷心拥护党的中医政策，将自己多年珍藏的百余个验方献出。由于他在中医学界的声望，被推选为中华医学会副会长，第二、三、四届全国政协委员。在一次政协会上，毛泽东主席对施今墨说："我年轻时期就熟知你的名字，你是南北驰名的名医，希望你为祖国医学事业多作贡献。"

"文化大革命"中，施今墨遭到冲击，周总理派人将施今墨一家秘密转移，保护起来。施今墨感动得热泪盈眶，作五言律诗一首感谢周恩来总理和邓颖超同志。1969年8月22日，施今墨在京与世长辞，享年88岁。1983年，《施今墨对药临床经验集》出版，告慰一代名医在天之灵。

● "贵州督军"谢六逸 ●

1921年，由周作人、郑振铎、沈雁冰等人联名发起组织中国第一个新文学团体"文学研究会"，谢六逸便是第一批会员。当时他从日本归来，在上海商务印书馆做社外编辑，"埋头做事，不说苦，不叹穷，不言劳"，经文学研究会决议，由他主编《文学旬刊》（后改为《文学周刊》），成为新文学运动的一个重要阵地。他身材魁梧，仪表端庄，说一口贵州话，文学会的同仁风趣地称他为"贵州督军"。

谢六逸，原名谢光燊，字蓼逸，后改六逸，常用谢六逸、谢宏徒、何宏图、鲁愚、中牛、路易、路益等笔名发表文章。光绪二十四年（1898年）出生于贵阳一个官宦之家，青少年时代读贵阳达德学校、贵阳模

谢六逸

谢六逸（前排居中穿长衫者）与复旦大学校刊社同人合影

范中学，1917 年以优异成绩考取为公费生留学日本，在黄齐生先生带领下，与王若飞、刘方岳、李淑元等一同赴日。在日本东京早稻田大学学政治经济学，常在吉祥寺读书，为日本及欧洲文学所吸引，从此走上新文学道路。他读日本作家长与善郎的《生活之花》，深有所感，发表了《我为什么创作》的文章，以"多读、深思、慎作"六字为信条。1919 年在北京《晨报副刊》发表《文艺思潮漫谈——浪漫主义同自然主义的比较》，继在《小说月报》发表《文学上的象征文艺是什么》，翻译托尔斯泰的小说《长期流刑》。

他探索新文学发展道路，甘当"盗火"的普罗米修斯，引进外国文学。翻译和介绍了普希金、托尔斯泰、雪莱、歌德、巴尔扎克、狄更斯、马克·吐温等人的作品，又翻译了《俄德西亚冒险记》、《伊利亚特》、《海外传说集》、《罗马故事集》等书。1923 年出版了《西洋文学史》，与冰心的短篇小说集《超人》同是当时最有影响力的著作，从此蜚声文坛。对日本文学的研究最为精到，翻译了日本古典文学作品《古事记》、《万叶集》及志贺直哉、加藤武雄、松村武雄、白鸟省吾等人的诗歌、小说、散文和文论，编辑了《志贺直哉集》、《日本近代小品集》、《日本故事集》。所著《日本文学史》，讲述了日本上古、中古、近古及近现代文学的发展，而《日本文学》则是译介日本小说、诗歌、散文、戏剧、文论的作品，被誉为"日本文学的权威"。对日本文学的研究，与周树人、周作人、夏丏尊不相伯仲。

他擅长随笔，常对人说："我喜欢用随笔的形式写我自己的感想

《谢六逸集》

《谢六逸年谱》

或介绍国外的著作", "过去的笔记或随笔之类的文字,往往是从'闲空'里产生的,不过,我自己所写的小品与随笔,恰好和他们相反,几乎全是'迫切'时候的叹息。"他的散文和随笔,后来收入《水沫集》、《茶话集》、《文坛逸话》、《夹板斋随笔》和《夏夜漫笔》。他又写了许多儿童文学作品,如《稻草人》、《母亲》、《清明节》、《红叶》、《鹦鹉》等。他认为儿童应"多读几本世界有名的儿童作家的作品", "使儿童心灵高贵纯华",于是翻译《俄德西亚冒险记》、《伊利亚特》等书,以有趣的故事,温暖、丰富、启迪孩子们的心。

他是我国新闻教育的开创者。1926年,谢六逸受聘为复旦大学中文科教授,首先开设"新闻学讲座"。1929年创办复旦大学新闻系,担任教授和系主任,拟订《复旦大学新闻系简章》,开设国文、外语、心理学、逻辑学、统计学及自然学科、社会学科等基础课程,又开设专业课程,如报学概论、编辑、采访、报馆组织管理及广告、发行、照相、绘画、印刷等,培养有史德、史识、史才的新闻工作者。他以"无奇不有"四字方针,创办《国民周刊》。主编《立报·言林》,提倡一种短小精悍的文字,称为"言林体",主张"五分钟能知天下事"。

在人生的"十字路口"，他有两次重大选择。以他对日本文学的研究成果，留在日本是再好不过的，但毕业后他毅然回国，希望把学到的知识奉献给祖国。日本侵略中国后，像周作人等与日本有深交的一些人被日本人拉拢，而谢六逸毫不犹豫地走上抗日救国的道路。他提倡组织"文艺界抗敌协会"，并担任"中国文艺界抗敌协会"理事，与李青崖、张梦麟、蹇先艾等在贵阳建立分会，在《晨报》创办"每周文艺"副刊，宣传抗日。

1938年，谢六逸回到阔别多年的故乡，在大夏大学任教授，并担任文学院院长、文史研究室主任、社会部主任。1941年应贵阳文通书局总经理华问渠之请，与马宗荣一起组建文通书局编辑所，先后担任副所长、所长，兼《文讯》主编，主持编辑《大学丛书》。1943年任贵阳师范学院国文系主任，《中央日报》（贵阳版）研究室主任，又在贵州大学兼课。繁忙的工作使他透不过气来，精神憔悴，心力衰竭，中怀郁结，猝然发病，1945年死于故乡，年仅48岁。他的逝世，使中国文坛"同声一哭"，茅盾、叶圣陶、郭沫若等都著文悼念，贵阳各界举行公祭，纪念著名作家、新闻家、教授谢六逸。葬于黔灵后山基督教公墓，1999年贵阳市人民政府公布为文物保护单位。2005年，谢六逸被列入"贵阳十大名人"之一。

● 社会教育家马宗荣 ●

"废科举，兴学堂"以后，各种教育思想兴起，蔡元培倡导"国民教育"，黄炎培提倡职业教育，宴阳初主张发展平民教育，陶行知主张推行乡村教育，而首先提出社会教育并建立理论体系的教育家当推马宗荣。遗憾的是，他英年早逝，48岁便与世长辞，许多著作在战乱中失散，社会教育在中国没有受到应有的重视，以致湮没无闻，连贵州人也很少知道这位社会教育家。

马宗荣，字继华，光绪二十二年（1896年）生于贵阳。早年从舅父丁尚固学习历史、地理、数学知识，1913年考入贵阳模范中学，毕业后任息烽县立两级小学校长。1918年以公费生资格选送日本学习矿业，初入东京第一高等学校预科，后转入名古屋第八高等学校本科。他抱着"教育救国"的思想，认为国强民富必须普及教育，于是改学

马宗荣

教育，考入东京帝国大学教育科，专攻社会教育及图书馆学。在校期间，博览古今中外教育名著，并著有《图书馆系说》一书。1927年进入东京帝国大学研究所深造，发表有见地的学术论文，与其导师田熊次教授和山作树教授齐名。两年后卒业，受聘为日本出版界巨擘岩波书局讲座讲师。

在日本11年，潜心研究世界各国的社会教育，以英、美、德、日的社会教育实施情况，结合中国的实际，构建起中国社会教育的理论体系。他经常到图书馆进行考察，访问了许多私家藏书楼，发现我国许多秘籍和孤本流落日本，于是告之留日学生学术团体"中华学艺社"。中华学艺社与上海商务印书馆商谈，通过马宗荣与东京帝国大学图书馆等联系，将这些秘籍、孤本印影回国，辑为《中华学艺社辑印古书》，列入商务印书馆《续四库丛刊》刊行。

1929年回国，受聘为上海市教育局督学，兼任中华学艺社常务秘书，次年任私立大夏大学图书馆馆长，并在大夏大学创办社会教育系和两年制师范专修科，领导学生摄制了10多部社会教育影片，开办农村社会教育试验区，成为我国社会教育的先驱。在上海5年中，他又兼任暨南大学、复旦大学、江苏省立教育学院、中国公学教授。1935年，他经蔡元培先生推荐，担任教育部主任秘书，对教育改革提出不少建议。

1938年回到贵阳，在从上海迁来的大夏大学任总务长兼师范专修科主任。作为社会贤达，他被选为贵州国民参议会议员。1942年，贵阳文通书局成立编辑所，聘马宗荣为所长，谢六逸为副所长。文通书局编审委员会，集国内知名的自然科学家和人文科学家、教育家112人，是全国一流的编委会。他与谢六逸主编《大学丛书》，组织出版多种丛书，出版《文讯》。同年奉命前往重庆，筹设中央民众教育馆。他欣然接受这一任务，借以实现社会教育的理想，他说："我以为中央民众教育馆的范围，相当于学校教育中的中央大学。"馆成，马宗荣担任馆长，纯属兼职，不计报酬。他认为"民众教育馆应重视直观教育"，结合抗战形势，首先成立"人范馆"，选定我国历史上有民族气节、奋斗精神的人作为典范，为他们塑像立传，潜移默化，教育人民。馆中特设"雪耻兴越的勾践"一幕，激励人民"卧薪尝胆"的抗战斗志，令观者肃然起敬，黯然泪下，拍案而起。

马宗荣以毕生精力研究社会教育，著作等身，著有专书 30 余种，其中社会教育专著有《社会教育入门》、《社会教育纲要》、《社会教育概说》、《现代社会教育泛论》、《比较社会教育新论》、《大时代社会教育原理新论》、《社会教育十讲》、《社会教育原理与社会教育事业》、《社会事业与社会行政》等等。他界定的社会教育，首先是民众教育，无论男女老少，也不拘聪明与愚钝、富人与穷人，也不管从事任何职业、地位高低、文化程度如何，都必须实行教育，享受"教育平等"的权利，不允许任何个人或阶层独占教育。他认为社会教育是"整个生涯的教育"，从幼儿的教化

马宗荣著作

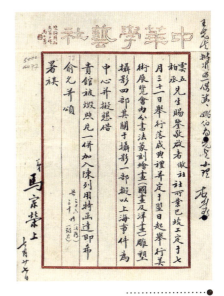

马宗荣信札

到青少年时代，到成年、老年时代都应当不断受到教育，是贯穿整个人生的教育。社会教育是"充实人生的教育"，不断提高人的素质，不断增长人的知识，不断提高生活质量，是一种素质教育，这种教育在业余时间施行，贯穿于整个社会生活之中，采取多种形式，举办各种公益事业，使人们受到体验、感认和教化。

马宗荣提倡的社会教育是全民教育、终生教育、素质教育，是家庭教育、学校教育的扩展和延伸，目的在于使全社会的人都受到良好教育，提高素质，充实人生，适应现代社会发展，推动社会进步。他认为社会教育"应从知、德、体、技、情五方面去陶冶"，培养全面发展的人。知育不但要使所有的人都能读书识字，还必须掌握不断更新的科学文化知识。德育强调社会意识、公共道德、品格培养。体育注重全民健康，包括体育运动和卫生。技育着重职业教育和家事教育。情育注重人的感情和美的情操。实现社会教育主要是通过感化、引导造成良好的社会风尚，对当今社会有极重要的意义，应当深入研究马宗荣的社会教育思想和理论，推动和谐社会的建立和发展。

1944年1月30日，马宗荣与世长辞，贵阳各界举行公祭，贵州省参议会的挽联写道："方当学易之年，天胡不假；叹到怀才未遇，众所同情。"《贵州日报》出了《追悼马宗荣专刊》，贵阳文通书局举办了"马故所长宗荣先生遗著展览"。

● 学部委员地质学家乐森璕 ●

1983年是乐森璕教授从事地质及教育工作60年，又逢他85岁寿辰，北京大学地质系与中国古生物学会联合举办了学术讨论和祝寿活动，以"探宝藏，足迹遍西南；育英才，桃李满天下"概括了乐森璕光辉的一生。乐森璕是我国地质科学的四大奠基人之一，中国地质学会副会长，中国古生物学会名誉会长，北京大学地质系主任，中国科学院地学学部委员，在实行院士制度以前，学部委员就是科学界最高的荣誉职衔了。

乐森璕，字季纯，光绪二十五年（1899年）生于贵阳普定街（今黔灵西路）乐家大院。早年就读于贵阳乐群小学、贵阳模范中学，

1918年考入北京大学数学系预科，1920年升入北京大学地质系本科。毕业后在中央地质调查所作实习生，后任两广地质调查所技正，中山大学副教授。1934年以公费生留学德国，在哥廷根大学、马堡大学研究古生物，获博士学位。1936年回国，直到1989年去世，都从事地质研究与地质教育工作，晚年还时时哼起《地质会歌》："大哉我中华！大哉我中华！东水西山南石北土真足夸。"

乐森㻕

　　从1927年起他便开始进行矿产调查，在两广地质调查所期间，调查了广西、广东、江西、浙江等矿产，发现了中山县钨矿、丰顺热泉，汕头、潮安煤田，茂名油页岩，海南岛铁矿和西沙群岛鸟粪。抗日战争爆发后回贵州，任贵州矿产探测团团长，与蒋溶、罗绳武、张祖还等地质学家踏遍贵州山山水水，调查并发现了煤矿、铁矿、汞矿、黔中铝矿、遵义锰矿及石灰石、白云石等，编制了《贵州地质矿产纲要》、《贵州矿产分布图》、《贵州煤、铝、汞、铁四大矿产概要》，为贵州地质矿产开发奠定了基础。1944年3月，中国地质学会第二十届年会在贵阳召开，全国百名地质学家云集贵阳，成为抗战期间地质学界的盛会。1945年矿产探测团结束，他任贵州地质调查所所长，继续进行地质矿产调查，发表50多篇有价值的调查报告和科学论文，编制了一批地质图册。1952年调任西南地质调查所副所长，与所长黄汲清一起组织人员对西南各地的地质矿产进行调查，足迹遍及川、黔、桂各省，为新中国寻找地下宝藏作出了重要贡献。

　　乐森㻕在地质科学上建树良多，主要是古生物学和地层学。1954年他在四川江油县首次发现甲鱼化石，被命名为"乐氏江油鱼"。对珊瑚的研究尤为精专，1927年发表了《奉天直隶石炭纪管状珊瑚之一新属》，1936年用德文撰写了《中国南部广西省中泥盆世四射珊瑚群》，以后又发表有关奥陶纪四射珊瑚研究、中国志留纪四射珊瑚研究、中国泥盆纪四射珊瑚研究、中国石灰二叠纪四射珊瑚研究等方面的论文，著有《中国的四射珊瑚研究概况》、《四射珊瑚的起源问题》、《珊瑚化石》等论著，是我国研究珊瑚化石最早和最权威的专家，被誉为"乐珊瑚"。研究古生物方面他创立了不少地层名称，如贵州遵义奥陶纪"十字铺页岩"、广西"寺门煤系"、云贵川晚石炭世"马堡群"、贵州郎岱"茅灰岩"等，还撰写了论文，著有《生物地层学基础》。

1953年乐森璕调任重庆大学地质系古生物教研主任，1954年任重庆大学地质系主任。原北京大学地质系在院系调整时与清华大学、北洋大学、唐山铁道学院地质系合并组建北京地质学院，北京大学仅存地理系。1955年，教育部决定重建北京大学地质系，调乐森璕到北京大学地理系，建立地质学、古生物学教研组。1964年改为地质地理系，乐森璕任系主任。经过30多年的苦心经营，北京大学地质系有很大发展，设有古生物及地层学、构造地质及地质力学、岩矿及地球化学、地震地质学4个专业，设有6个硕士点和3个博士点，培养了2 000多名本科生和138名研究生，许多学生成为地质学界精英，如北京大学副校长于洸，中科院南京地质古生物研究所所长吴望始等。

1985年，中科院召开学部委员、科学家从事科技教育工作50年表彰大会，乐森璕被誉为"历遍崎岖研地质，甘期耄耋为人民"的老科学家。他还是第四、五、六届全国政协委员。

● 土壤学环境科学的奠基人熊毅 ●

熊毅，又名熊其毅，宣统二年（1910年）生于贵阳。早年就读于贵阳模范中学，1926年考入北京大学预科，两年后转入北京大学农学院农业化学系，1932年北京大学毕业后，被推荐到中央地质调查所土壤研究室工作，任助理员、研究室主任。1947年留学美国，1949年在密苏里大学土壤系取得硕士学位，1951年获威斯康星大学博士学位。此时中华人民共和国成立不久，急需高级科技人才，熊毅放弃了在美

熊　毅

国的优厚待遇和工作条件，排除种种阻挠，绕道日本回到广州，成为新中国第一批回国的科学家。

　　他被安排到中国科学院土壤及水土保持研究所任研究员，第一个任务就是到东北进行土壤及粮食增产考察。1954年任中科院土壤调查队队长，率领百余名科技人员和大学生在黄河流域和长江流域进行土壤普查，并于1956年加入中国共产党。20世纪60年代，他受国家科学技术委员会的委托，承担华北平原土壤综合治理的重大课题。经过调查，发现这一地区重大的矛盾是灌溉与排水，因雨量少必须进行人工灌溉，但若用黄河之水灌溉，势必造成土壤盐碱化、沼泽化，于是提出"井灌井排"的措施，对华北平原土壤和农业生产作出重大贡献。

　　熊毅是一个有理论、有实践的科学家，受到国家重视。先后担任中国科学院土壤及水土保持研究所所长、中科院南京土壤研究所所长、中科院南京分院院长，兼任环境科学委员会副主任委员、中科院农业现代化委员会委员，主编《土壤学报》和《环境科学学报》。1981年当选中国科学院生物学部委员，是我国土壤科学、环境科学的奠基人。

　　他的研究领域很广，包括土壤物理化学、土壤矿物学、土壤生态学、土壤发生学及土壤分类、土壤肥力、盐碱土改良、水稻土等等。他主编了我国第一部土壤学专著《中国土壤》，还主编了《华北平原土壤》、《华北平原土壤图集》、《中国太湖地区水稻土》、《土壤胶体》等书。他开创了我国土壤胶体化学的新领域，把土壤矿物胶体与有机胶体的研究结合起来，创立了"土壤有机复合体"研究的新学科。发表了《中国各主要土类胶体部之组成》、《中国土壤胶体特征》、《土壤胶体的矿物组成》、《土壤有机复合》等有创见的科学论文，在国内有重要影响。

　　他是我国环境科学的开创者，很早就致力于土壤生态系统研究，把保护环境、改造自然与生态建设有机结合起来，努力为人类提供优质、高产的生物产品，并建立洁净、舒适的生态环境。由于他在环境科学上早有建树，被选为中国科学院环境科学委员会副主任，主编《环境科学学报》。1980 年，四川发生特大水灾，《人民日报》记者对他进行采访。他说："洪水严重，主要是与大气环流造成的暴雨有关，但是，森林植被遭到破坏，不能纳水，也是造成危害的一个重大原因。人们总是离不开环境的，但是，人们经常在改变和破坏环境，破坏环境主要是破坏自然资源，比如，乱砍滥伐，破坏森林；过度放牧或乱垦，破坏草原；盲目捕猎，破坏了野生动物和水生动物的正常繁衍。森林、草原的破坏，引起气候变迁，造成土壤侵蚀，河流、水库、渠道、港口的阻塞等。"他的观点是超前的，具有科学远见，对保护环境、保护自然、保护地球有深刻的认识。

　　熊毅是 20 世纪 50 年代初回国的科学家，是我国土壤科学的奠基人和环境科学的开创者，是优秀的共产党员。1985 年 1 月 24 日，熊毅在南京去世，享年 75 岁。中科院南京分院和中共江苏省委作出了"向优秀党员、老科学家熊毅同志学习"的决定，表彰他在科学上的卓越功绩和高尚品德，激励人们在科学上努力创新。

● 民国风云人物何应钦 ●

　　数民国年间的风云人物，无论如何也少不了何应钦，他做过国民政府的军政部部长、训练总监、参谋总长，中国战区陆军总司令，涉及许多重大历史事件，是国民党军中仅次于蒋介石的"二号人物"。

　　何应钦，字敬之，光绪十六年（1890 年）出生在贵州兴义农村的泥凼。光绪三十三年（1907 年）入贵州陆军小学堂，一年后选送武昌陆军第三中学，不久由陆军部选拔到日本学军事，进入振武学校、士官学校，由一个"乡巴佬"一变而为东洋留学生。在日本加入了孙中山领导的同盟会，与蒋介石先后同学。1916 年留洋归来，在黔军中任团长，后任贵州讲武学校校长、省会警察厅厅长、第五混成旅旅长。他接受了新的思想，提倡一种民主、奋进的"少年精神"，成为"少年贵州会"会长。1921年，黔军内讧，何应钦在"五旅之争"中战败，被逐出贵州。也许是因祸得福，离开贵州反而使他有机会登上历史的大舞台。

何应钦

　　1923年，他经内兄王伯群推荐，赴广州晋见孙中山，任大本营军事参议。1924年国民党第一次全国代表大会召开，确立了"联俄、联共、扶助农工"的三大政策，实现第一次国共合作。黄埔军校成立，蒋介石为校长，周恩来为政治部主任，何应钦任总教官。根据形势需要，以黄埔生组建军队，何应钦先后担任教导团团长、军校党军旅长、第一师师长、第一军军长，平定了广州商团叛乱，在两次东征中立下战功，声名鹊起。1927年开始北伐战争，国民革命军分为东路、中路、西路向北挺进，何应钦任东路军总指挥，席卷东南沿海各地，很快占领南京，在北伐中立下首功。

　　蒋介石、何应钦等对共产党持反对态度，孙中山在世时阳奉阴违，以后逐渐露出真相。早在1926年，何应钦便参与蒋介石诬陷共产党的"中山舰事件"，强迫第一军中的共产党员全部退出。1927年风云突变，蒋介石公开背叛革命，发动"清党"反共的"四一二"政变，何应钦在南京大肆搜捕、屠杀共产党人。在国民党反动派的屠杀下，中国共产党领导了"八一"南昌起义，打响了武装反抗的第一枪，井冈山会师后在江西建立革命根据地。1930年何应钦任军政部部长，秉承蒋介石的旨意对江西革命根据地进行"围剿"。1931年兼任南昌行营主任，亲自指挥第二次"围剿"，后由蒋介石亲任总司令，何应钦为参谋长，一度任赣、粤、闽、湘"剿匪"总司令，在内战中充当反共的重要角色。

在各派政治势力的斗争中，何应钦与蒋介石有配合也有纠葛。国民政府在南京建立后，与武汉汪精卫控制的国民党中央对立，桂系李宗仁、白崇禧逼蒋介石下野，何应钦表示默认。次年蒋介石复出，撤销何应钦北伐第一路军总指挥职务，自任北伐军总司令，以何为参谋长，留守南京。蒋介石当时面临的最大问题，就是军队不统一，急需扩充嫡系，整治杂牌军，1928年任命何应钦为训练总监，国军编遣委员会主任。何应钦以"讨逆军总参谋长"的身份，发起对桂系的进攻，将李宗仁、白崇禧的部队编入国军。后任武汉行营主任，迫使冯玉祥下野。冯玉祥、阎锡山联合反蒋，何应钦赴太原策动阎锡山反戈，使冯玉祥一败涂地。又任广州行营主任，进攻张发奎，打败唐生智。蒋、冯、阎大战爆发，他兼任武汉行营主任，指挥各军战胜冯、阎。后又任郑州行营主任，主持西北善后事务。他为蒋介石统一军队立下汗马功劳，国民政府授予他一等宝鼎勋章，1930年改任军政部部长。

1931年"九一八"事变爆发，日军侵占东三省，蒋介石在"攘外必先安内"的方针下，继续"围剿"红军，对日本侵略退让、妥协。1933年，蒋介石任命何应钦接替张学良，担任军事委员会北平分会委员长，采取"一面抗日，一面交涉"的政策，与日方签订"塘沽协定"、"何梅协定"，容忍日本在华北驻军，杀害抗日将领吉鸿昌。此事激起公愤，北平、天津学生掀起"一二·九"爱国学生运动，要求"停止内战，一致抗日"。1936年12月12日，张学良、杨虎城两将军发动"西安事变"，逼蒋抗日。国民党中央"主战派"与"主和派"争辩激烈，以宋美龄、宋子文为首的一派主张通过政治手段和解；以何应钦为首的一派则主张用武力解决，派两路"讨逆军"进攻西安，又派飞机轰炸渭南。中国共产党从大局出发，促成了"西安事变"的和平解决，国共两党第二次合作，开始全面抗战。蒋介石回南京后，扣留了张学良，何应钦以军政部部长名义发表"整理陕甘军事办法"，分化瓦解东北军和西北军。国共合作后，国民政府军事委员会将西北红军改编为国民革命军第八路军，将中共领导的南方游击队改编为国民革命军新编第四军。1938年何应钦兼任军事委员会参谋总长，判处不战而退的第三集团军总司令韩复榘死刑，通电祝贺台儿庄大捷，指导徐州会战、武汉会战。但他反共之心不改，再次破坏国共合作，1940 年 12 月下令八路军在黄河以南的部队撤到黄河以北，新四军于 12 月底前撤至长江以北，正当新四军向北转移时，1942 年 1 月 4 日，何应钦令顾祝同、上官云相在皖南伏击新四军军部，新四军大部分被俘或牺牲；国民党明令取消新四军番号，将军长叶挺交军事法庭审判。这就是震惊中外的"皖南事件"，即第二次反共高潮。

1941 年 12 月 8 日，日本偷袭珍珠港，太平洋战争爆发，中、美、英军事会议制定"远东联合军事运动初步计划"，建立盟军中国远征军，开赴缅甸。此后，何应钦发表《中国必胜》的广播讲话，与英军驻印司令官会商联合作战问题，出席中、美、英高级将领会议，指挥中国远征军强渡怒江，攻入缅甸，将日军逐出云南。1944 年被任命为中国战区陆军总司令，攻克畹町，开辟"史迪威公路"，取得松山战役胜利，并发动湘西会战、桂柳反攻。1945 年 8 月 15 日，日本宣布无条件投降，何应钦飞抵湖南芷江与日军会谈受降事宜。9 月 9 日，在南京举行"中国战区日本投降签字典礼"，何应钦代表盟军接受日本驻华派遣军司令官冈村宁次大将递交的投降书。

抗战胜利后，国民政府还都南京，何应钦被解除参谋总长、中国战区陆军总司令等职，仅任重庆行营主任。1946 年 6 月，何应钦被任命为中国驻联合国安全理事会军事参谋团团长兼驻美国军事代表团团长，实际已解除军权。1948 年蒋介石任总统，李宗仁为副总统，任命何应钦为国防部部长。中华人民共和国成立后，何应钦飞往台湾，表示"闭门思过"，不谋其政。在台 37 年，他空悬总统府战略顾问委员会主任、国民党中央评议委员等头衔，担任"中日文化经济协会"会长，"鼓吹"道德重整，倡导发展旅游观光，继续宣传反共，但始终反对"台湾独立"，主张以"三民主义统一中国"。1987 年病逝台北，终年 99 岁。

● 革命英烈青史长存 ●

当我们追忆中国共产党早期革命家的时候，很自然地想起贵州，中共一大代表中就有贵州人邓恩铭，以后有中共中央第一任秘书长王

王若飞

若飞，有与贺龙一起开辟洪湖革命根据地的周逸群，有红军著名将领旷继勋，有"邱贡洛夫"周达文，有工人运动领袖龙大道等等。

　　王若飞，原名运生，字继仁，光绪二十二年（1896年）生于贵州安顺。青少年时代即怀有报效祖国的大志，读《木兰辞》，有感于"万里赴戎机，关山度若飞"之句，改名为王若飞。7岁时随舅父黄齐生到贵阳，在达德学校读书，辛亥革命时参加学生稽查队。1918年以公费生留学日本，"五四"运动爆发后毅然回国。1919年赴法国勤工俭学，接受新的思想，主张"走苏联工人阶级的道路"。1921年10月，他与赵世炎、周恩来等组织"旅欧中国少年共产党"，经中共中央认可改为"中国共产党旅欧支部"，王若飞任总支委员，周恩来为总支书记。1923年他到莫斯科东方大学学习，1925年参加在莫斯科召开的共产国际第五届代表大会。1925年回国，担任中共中央第一任秘书长。他是中共第五届、第六届代表大会代表，中共驻共产国际代表团成员。1931年他化名黄敬斋，开辟陕甘宁绥革命根据地，在归绥（今包头）被捕。因身份已经暴露，他公开承认是共产党员，以"粉身碎骨全不顾，只留清白在人间"的诗句自勉，在狱中坚持斗争，直到1937年国共合作才出狱。

　　回到延安后，他任中共中央军委副总参谋长，华北工委秘书长等职，成为毛泽东、周恩来的得力助手，参与中共中央许多重大方针、政策的制定。他与周恩来、叶剑英都是中共的谈判专家，1940年代表八路军与阎锡山签订停止武装冲突的协议，1944按照中共建立民主联合政府的主张与国民党在西安进行谈判，以后调重庆中共南方局和八路军办事处，协助周恩来、董必武开展抗日民族统一战线工作，团结了大批民主人士。1945年，国共两党在重庆谈判，毛泽东、周恩来、王若飞代表中共与国民党进行谈判，10 月 10 日在《政府和中共代表会议纪要》上签字，史称"双十协定"。1946 年 1 月 10 日，他又与周恩来、董必武等 7 人代表中共参加在重庆举行的政治协商会议，就改组国民政府、施政纲领、军队问题、国民大会、宪法草案五大问题与国民党进行谈判，签订了《停战协议》。4 月 8 日，与秦邦宪、邓发、叶挺、黄齐生等乘飞机返回延安，不幸在山西兴县黑茶山坠机遇难，毛泽东为"四八"烈士题词："为人民而死，虽死亦荣。"对他的逝世，周恩来悲痛地说："失掉了他，好像失掉一种力量，失去一种鼓励，失掉了一个帮手。"并用"在他的身上，永远闪耀着中国共产党的光辉"评价了王若飞革命的一生。

　　"洪湖水，浪打浪"的歌声，激动人心，感人肺腑，传颂着"洪湖赤卫队"的传奇故事，让人们永远不会忘记那激情燃烧的岁月。周逸群就是洪湖人民爱戴的革命领导者，在岳阳贾家亭，人民为他建立了一座纪念碑，刻有国务院碑文和贺龙写的"革命烈士们的事迹鼓舞着我们永远前进"的题词。周逸群，原名立凤，光绪二十二年（1896 年）生于贵州铜仁。1919 年留学日本，开始接触马克思主义，组织留学生声讨北洋政府签订丧权辱国的"九国公约"，被推选为回国请愿团代表。1923 年回国，在上海组织"贵州青年社"，创办《贵州青年》旬刊。1924 年经恽代英、萧楚女介绍，加入中国共产党，并考入黄埔军校第二期。在中共特别支部领导下，周逸群、蒋先云、徐向前、左权、陈赓等组织"中国青年军人联合会"，成为拥有两万多人的革命军人团体，后留校任"青军会"主席。1926 年他带领总政治部宣传队进入贺龙部队，任第九军第一师政治部主任。贺龙部队扩编为国民革命军二十军后，周逸群任军政治部主任兼第三师师长。1927 年蒋介石、汪精卫叛变革命后，中国共产党决定举行武装起义，经周逸群介绍，周恩来会见贺龙，将二十军开往南昌，前敌委员会任命贺龙为起义总指挥，周逸群积极协助贺龙制定起义计划，于 8 月 1 日在南昌举行起义。在起义军撤出南昌向广东转移途中，周逸群和谭平山介绍贺龙加入中国共产党。
　　起义军在广东潮汕地区失败后，贺龙与周逸群到湘鄂边区开辟革命根据地，成立湘鄂边前敌委员会，周逸群任书记。他们以洪湖和白露湖为根据地，建立了两支游击队，利用这里水网密集的复杂地形，

周逸群

周逸群烈士故居（铜仁）

开展灵活机动的游击战，这就是通常所说的"洪湖赤卫队"。1929 年成立鄂西游击总队，周逸群任总队长，后来改编为红军独立一师、红军第六军，与贺龙的红四军会师后组成红二军团，贺龙任总指挥，周逸群任军团政委，二军团发展到三万多人。以洪湖为中心建立湘鄂西革命根据地，与中央苏区、鄂豫皖苏区、湘鄂赣苏区构成掎角之势，推动全国革命形势的发展。正当革命蓬勃发展之时，由于左倾路线的错误，撤销周逸群特委书记和联县政府主席职务。1931 年 5 月，周逸群由洞庭湖特区返回洪湖时，在岳阳贾家亭遭到敌人的伏击，不幸牺牲，时年 35 岁。

旷继勋

　　在 1984 年出版的《解放军将领传》第一集中，《旷继勋传》与朱德、方志敏、刘志丹、左权、项英、周逸群、曾中生、许光达、徐海东、韦拔群等红军开创时期的将领传放在一起，旷继勋是红二、四方面军的著名将领。旷继勋，原名旷大勋，光绪二十二年（1895 年）生于贵州思南县大河坝塘湾的一个贫苦农民家庭。21 岁到四川谋生，投入川军赖德祥部，从下等兵升至连长、营长、团长、旅长，1926 年经秦青川、王文鼎介绍加入中国共产党。大革命失败后，旷继勋带领第七混成旅于

1929 年 6 月 29 日在四川举行蓬溪、遂宁起义，建立"中国工农红军四川第一军"，是继南昌起义、秋收起义、麻黄起义之后的一次武装起义。1930 年旷继勋任红六军军长。不久调鄂豫皖根据地，红一军与红十五军会师后改编为新红四军，旷继勋任军长，徐向前任参谋长。1931 年张国焘任中央鄂皖分局书记兼军委主席，曾中生、旷继勋任副主席。在"左"的路线下，张国焘撤销了旷继勋的军长职务，但他不计个人得失，又将赤卫队、游击队组建为红二十五军，旷继勋为军长兼独立师师长。红二十五军与红四军会合后，成立中国工农红军第四方面军。1934 年 12 月，红四方面军占领四川通江，成立川陕省临时革命委员会，旷继勋任主席，建立通（江）南（江）巴（中）革命根据地。不幸的是，在张国焘的错误路线下，旷继勋被诬蔑为"国民党改组派"，1933 年 6 月被杀害于通江洪口场，时年 36 岁。

在《斯大林全集》第九卷有一篇《答邱贡洛夫的信》，这个邱贡洛夫是谁呢？原来是贵州镇远人周达文在苏联使用的俄文名字。周达文生于光绪二十八年（1902 年），1920 年加入中国共产党，中共中央与俄共（布）往来的信函、文件多由周达文翻译。第一次国共合作时，1925 年在莫斯科创办一所培养东方革命干部的学校，命名为"孙逸仙大学"，即通常所说的莫斯科中山大学，国共两党都派人到苏联学习，第一批到中山大学的共 118 人，共产党方面有张闻天、王稼祥、乌兰夫、左权、伍修权等，带队是的周达文。国民党方面有蒋经国、谷正纲、谷正鼎、康泽。第二年春天，中共旅欧总支队派邓希贤（邓小平）、傅钟等 24 人来中山大学学习。当时，中山大学有一个"尖子小组"，集中了国共两党的重要人物，邓小平、周达文都是这个小组的成员。周达文既是学员，又兼管教务和翻译工作，后来调任列宁学院中国部负责人，在学院中颇有声望。

当时苏联共产党内斗争激烈，支持列宁一派的称"布尔什维克"，反对的一派被称为"托洛茨基派"。中国留学生也被卷入这一政治漩涡，在同学中颇有威望的周达文、俞秀松、董亦湘等被王明诬陷为"托派分子"，1932 年被送往西伯利亚的伯力。周达文等忍辱负重，在冰天雪地下坚持革命工作，创办《工人之路》报纸。王明、康生并不甘心，利用斯大林在克里姆林宫接见他们的机会，诬陷周达文等是"日本间谍"，组织反党的"江浙同乡会"。斯大林下令将周达文、俞秀松、董亦湘 3 人处死，造成一桩令人痛心的大冤案，3 个满怀革命激情的优秀党员，竟然死在"十月革命故乡"的苏联。50 年的沉冤终于昭雪，1987 年党中央为周达文彻底平凡，追认为革命烈士。

周达文故居
....

GUJIANZHU

古建筑

LIUXIA YONGHENGDEJIYI

留下永恒的记忆

　　建筑是凝固的历史，它把民族文化凝结在建筑上，透过建筑可以窥见当时的科学技术水平，展示民族文化和社会风貌，保存一段历史记忆。汉族建筑历史悠久，风格突出，与西方建筑迥然不同，与其他民族也有种种差异，充分体现汉文化特征。木结构建筑最具特色，以其独特的结构和外观，广泛应用于民居、官署、宫殿、庙宇、楼台亭阁。城市建筑规模宏大，讲究选址，修筑高大的城墙，街市井然，有很强的整体性和封闭性。桥梁建筑是古建筑的骄傲，桥型之多，造型之美，技术之精，令人叹为观止。园林建筑巧夺天工，宛如天成。民居绚丽多姿，风格各异，南北有明显不同。建筑的选址、布局、结构、艺术处理，都体现独特的建筑思想，崇尚"天人合一"，强调群体组合，按照传统的审美观念，讲求对称、含

蓄、意境。贵州的汉族建筑又有其地方特色,不少列为国家重点文物,下面所列的古建筑可见汉文化在贵州的精华,保留历史的记忆。

● 古老的军事城堡海龙囤 ●

在西南的大土司中,播州杨氏与思州、思南田氏及广西岑氏、黄氏齐名,故有"思播田杨,两广岑黄"之说。自唐乾符三年(876年)太原人杨端应募入黔征南诏以来,杨氏一族即据有播州,传29世,至末代土司杨应龙,有700多年。播州宣慰司在川、黔两省之间,地域广阔,包括今遵义市所属红花岗区、汇川区、遵义县、桐梓县、赤水市、习水县、仁怀市、正安县、道真仡佬族苗族自治县、绥阳县、湄潭县、余庆县,及黔南布依族苗族自治州的福泉市、瓮安县和黔东南苗族侗族自治州的黄平县等地。

明朝万历年间,播州宣慰使杨应龙举兵反叛,攻州掠县,分三路入川,占重庆,逼成都,朝廷为之震动,令四川、湖广、贵州出兵平乱,又令陕西、甘肃、浙江派兵驰援,战事持续数年之久。万历二十八年(1600年),24万明军分三路进攻播州,杨应龙退守海龙囤,坚守114天,终为明军所破,朝廷于次年将播州宣慰司革除,以其地设遵义、平越二府,遵义属四川,平越属贵州。

海龙囤始建于南宋宝祐四年(1256年)前后,当时蒙古军已占据云南,出兵进攻巴蜀,宋朝以银万两,"使思、播结罗鬼(即罗氏鬼国)为援",在川黔边境构筑一道防线,播州安抚使杨文即筑关隘、城堡

海龙囤全貌

海龙囤王宫航拍图

海龙囤飞凤关　　　　　海龙囤朝天关

海龙囤飞龙关

以防蒙古军，于是修筑"龙岩新城"。龙岩山在遵义市区西北30余公里，海龙囤就建在这座山上。龙岩山突起于万山之中，与定军山遥相对峙，四壁陡绝削立，下临深谷溪涧，一条独路上山，山上有宽敞的平地可以驻兵，地势极为险要。从太平场入山，一路由谷中小道达铜柱关，另一路经铁柱关到定军山的养马城。无论从铜柱关或铁柱关进入，都要经过一条漫长的爬山古道，拾级而上，至歇马台之后，过飞虎关、飞龙关、朝天关、飞凤关才能到达山上的内城，内城通往后山也只有一条独路，上有万安关、西关和后关。

关隘重重是海龙囤军事城堡的重要特征，凭险设关，关隘相连，要登上山顶的海龙囤，必须"过五关斩六将"。铜柱关、铁柱关把住入山路口，构成第一道防线。山前的飞虎、飞龙、朝天诸关及山后的三关，构成第二道坚固防线。闯过了这许多关隘，在飞凤关进入内城，高大的城墙及雄伟的关隘构成第三道防线。现存的九关，均设在易守难攻的险要之处，用巨石砌筑而成，拱门高 3~5 米不等，门洞深邃，"一夫当关，万夫莫开"不足以形容其险。飞虎关建在悬崖峭壁之上，下临深渊，关下有 36 步天梯，每级石阶高 42~50 厘米，且为 1.5 米宽的斜面，登山举步维艰，在万箭齐发之下，攻关犹如过鬼门关。飞龙关坚固、雄伟，明军屡攻不下，以炮轰击，炸开几个缺口，死伤无数仍难以破关。这里留下的残垣断壁就是当年战斗惨烈的历史见证。朝天关高耸入云，居高临下，是通往飞凤关的必经之路。飞凤关尤为险峻，瓮城石墙高大、厚实，拱门厚达 10 米，两边各有 1.67 米宽的上城踏道，是进入内城的一道险关。山后的月城和三关，险要而且坚固，每道关都有瓮城和城墙，明军攻取三关，费尽九牛二虎之力。

海龙囤脊兽

山顶上的海龙囤，将近 160 万平方米，连接各关的城墙和马道，至今保存。内城的建筑在破城后全部焚毁，仅留下屋基、踏步和瓦砾，还发现大量精美的明代瓷器碎片。郑珍在有关海龙囤的诗中写道："王

海龙囤天梯

师八道从天下，镇服千年扫地亡。"根据有关文献记载，海龙囤有九道关、三重城，内城有兵营、阁楼、仓库、水牢、绣花楼，民间称之为"王城"。在遵义境内发现两通重要碑刻，一通是"杨文神道碑"，另一通是"骠骑将军示谕龙岩囤严禁碑"。"杨文神道碑"于1972年在遵义高坪随杨文墓出土，记述了杨文抗击蒙古军的事迹和"龙岩新城"修建的缘起。"骠骑将军示谕龙岩囤严禁碑"立于飞凤关侧的五凤楼下，为播州宣慰使杨应龙书刻，立碑时间是明万历二十四年（1596年），上有"夫龙岩囤者，乃播南形胜之地也。吾先候思处夷陬，不可无备，因而修之以为保障……今重葺之，以为子孙万代之基，保固之根本"等语。曾几何时，这"为子孙万代之基"的海龙囤终于成了埋葬播州土司的坟墓，正是："独梁徐通五尺天，霸王宫殿焚玉田。危楼破落半弯月，冷灶苍凉一缕烟。劫火山中销战骨，鹧鸪声里怅歌筵。美人泣尽乌江水，剩有残红断堞边。"

● 石头构筑的安顺文庙 ●

　　文庙又称学宫，供奉孔子及儒家先贤，是古代教育的象征。明代颇重教育，朱元璋建立明朝后便确定"治国以教化为先，教化以学校

安顺文庙

大成殿

　　为本"的方针，并把它作为安定边疆的基本国策，儒家教育在贵州勃然兴起。洪武二十七年（1394年），安顺在元代普定路儒学的基础上，首先建立普定卫儒学，于是兴建文庙，万历三十年（1602年）将普定卫学改为安顺府学，便称此文庙为安顺府文庙，至今已有600多年历史。文庙在全国不知有多少，但近代以来大都毁坏、拆除，而安顺文庙却保存得相当完好。虽然经过多次增修、重建，仍基本保持明代的建筑风格。安顺文庙选址在一个山坡上，四进院落依地势逐渐升高，不但使它的层次感更加分明，而且使大成殿更显得庄严、雄伟、气派。更独特的是，这所文庙以石头建筑为主，是石头建筑与儒家文化的完美结合，堪称西南一绝，2001年经国务院公布为全国重点文物保护单位。

　　文庙前的广场称"黉学坝"，它是文庙建筑群的前导和序幕。坝东北向立着"金声玉振"石牌坊，坊后台阶上原立有高大的照壁，两端为"德配天地"与"道冠古今"的四柱三间冲天式石牌坊。墙下有一块"下马石"，上面刻着"文武官员在此下马"，无论平民百姓或者秀才、举人、进士，乃至文武百官都得在此下马、下车、下轿，步行入庙。碑后为镂空的石宫墙，顶端刻有"宫墙数仞"四字。墙两侧辟有垂花门，左边为"礼门"，右边为"义路"。

　　文庙建筑很规范，主体建筑都在中轴线上，左右对称，层次分明，中心突出。入"礼门"、"义路"后为第一进，分上下两院。下院中间有一个圆形池子，称为"泮池"。池上有三孔石桥，桥孔上嵌有石龙头和石虎头，桥两侧和池畔都围着镂空的石栏杆，中了秀才的人必须围着桥、池环游一圈，谓之"游泮"。上院北侧为明伦堂，南侧为孝祠。

　　第二进院落建在两米高的石台基上，正中是"棂星门"，它是一座雄伟的四柱三门雕花石牌坊，坊柱立于须弥座上，柱的前后为抱鼓石，柱顶有望天狮子，坊上刻有二龙戏珠，坊栏上刻有许多人物故事，鼓励人们奋发上进。棂星门两侧为乡贤祠和名宦祠，在开阔的石院坝里，南面的奎文阁是科举张榜的地方，北面的尊经阁收藏儒家经典。

　　沿九级石阶而上，建有面宽五间的"大成门"（又称戟门）。大成门为歇山顶建筑，正中三间为过厅，两侧为文官厅和武官厅，门前有一对盘龙石柱，驮在两个石狮背上，狮首相对，龙身腾跃，气势非凡。大成门内是一个宽广的四合院，由天子台、大成殿、东庑、西庑及钟楼、鼓楼组成，院坝用石板铺砌。院中有一座 2 米高的天子台，周围砌有镂空雕花石栏杆。院内植有 2 株桂花树，一株是金桂，另一株是银桂，金桂至今存活，状如伞盖，终年浓郁。天子台后是大成殿，又称先师殿，建于 2 米高的台基上。它是一幢长五间的歇山顶式石木结构大殿，供奉孔子及十二弟子的牌位，是文庙建筑的中心。殿通宽 20 米，进深

安顺文庙

龙柱

11.6 米，前有廊柱，殿前是一排透雕的落地门窗，庄严、雄伟。

最叫人叹为观止的是大成殿前的两根龙柱，它用 2 块巨石透雕镂空而成，柱高 6 米，直径 0.8 米，柱础为一对石狮子。龙柱工艺精湛绝伦，玲珑剔透，婉转空灵，不但冠绝贵州，而且可与北京国子监的龙柱媲美。2 条巨龙盘曲对起，昂首向上，张牙舞爪，神气活现，大有上天入地、呼风唤雨的气势。龙身为祥云缭绕，双龙仿佛从天而降，拨开云雾，凌空入海。柱础石狮子，一雌一雄。雄狮的怀里抱着一只小狮。石狮口里含着一粒弹丸，形如巨卵，滚动自如，欲呼又吐，弹丸始终不会落出，其奥秘至今还没有找到满意的答案。两狮四足稳健地蹲地，昂首奋吼，背着千钧龙柱，构思精妙极了。这一对巧夺天工的龙柱，据《续安顺府志》记载，是清代道光年间一个人称"苏石匠"的高手所为。

像安顺文庙这样规模宏大的石构建筑，在国内极其罕见，而这两根龙柱则浓缩了石雕艺术的精华，更是举世无双。安顺文庙展现了贵州教育兴起的风采，表现出贵州人建筑和工艺的创造，不失为中国的国宝。

● 平越城中有"水城" ●

　　明代是贵州开发的一个重要时期，兴起了数十座卫城和府、州、县城，还建起数以千计的屯堡。巍峨的城堡耸立在万山丛中。由于军事防御的需要，城堡多建在地势险要、易守难攻的地方，或负山面水，或夹河而建，讲究山川形胜。贵州喀斯特地貌发育，石料极其丰富，城垣大都用石头构筑，与平原、丘陵地区的土筑城、砖筑城大不相同，有鲜明的地域特征。城垣是一个庞大的建筑群，包括高大的墙体、城门、城楼、串楼、垛口、窝铺，还有月城、护城河、水关等。在群山中修建的石头城，需要开山凿石，比其他地方要艰难得多。倘若把贵州大大小小石头城、石头堡连接起来，其工程的艰巨，恐怕不亚于万里长城。随着时间的推移，在现代化的浪潮中，古城、古堡大都消失，侥幸保存下来的城墙已是宛若晨星。而在被誉为"磷都"的福泉市，至今还保留着一段别具一格的城墙，的确难能可贵。

　　福泉，古称平越。这里原先是少数民族聚居区，属于播州宣慰司管辖。洪武十五年（1382年），在此设平越卫，把卫所插入土司，平越府与平越卫同城。平越战略地位重要，控扼湘粤通往贵州、云南的大驿道，将黔东八府与省会及贵州宣慰司连接起来，又可沟通川、黔两省，故设卫后便建城池，平越卫城坐落在群山环抱之中，"马鬃岭扼其喉襟，羊肠河设其险阻"，实为冲要之地。初建时为土城，洪武

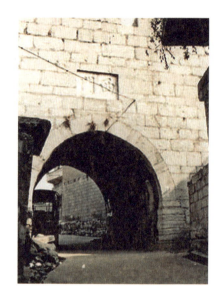

福泉古城垣

三十四年（1401年）改筑石城，城周长1 400丈，折合4 666米。城墙高一丈二尺，宽一丈五尺，呈正方形，有东、南、西、北四门，上有城楼4座，串楼1 540间，垛口840个。因城内无水，城被围时，人马常被渴死。成化年间，平越卫指挥张能认为无水不利于防守，便在城西增设小西门，将城墙延伸至河边，筑堰引水入城。万历三十一年（1603年），总兵安大朝、指挥奚国柱、知府杨右陶等计议，在其外增筑一段城墙，将河段围入城中，形成内城、水城、外城的格局。自此，平越城"崇闳雄丽，固若金汤，为贵东之首"。

　　平越古城，在20世纪60年代大都拆毁，只剩下几座拱券城门和一些残垣断壁，诉说着历史的沧桑。唯有小西门外，内城、水城、外城至今犹存。站在高山之巅俯瞰，内城耸立在山间平地，水城筑于山麓之河畔，而外城则跨过河流、田野，里外三层构成一座瓮城。城墙依山而筑，蜿蜒山间，气势雄伟，有百级石阶可登上城头。这座城最大的特点，就是将河流的一段围入城中，居民可到水城汲水。为了防备发生战事时水源被截断，又在水城外修建了一道长55丈的外城墙。外城墙两处跨过河流，墙建在两座

水城

三孔石桥之上，故被称为"桥上城"。为了让水能够流动，又便于防守，在桥下设有铁栅闸门，实为两座水关。出小西门，有道路通过水城、外城，因道路要穿过河道，在路下建有5个泄水的涵洞，侧边建有吱哑作声的水碾，颇有"小桥流水人家"的风韵。这种城垣结构，是古代军事防御体系的杰作，凝结着中国古代科技与建筑艺术，在国内其他地方不曾见过，别具一格，古建筑专家叹为观止。2001年经国务院批准，其被列为全国重点文物保护单位。

福泉古城为贵州原创，显示出贵州人民的智慧与创造精神。来到这里，可以感受到城市的巨大变迁，平越古城由军事据点演变为地方行政中心，如今变成一个以磷化工为主的工业城市。在福泉城内，有一座称为"大夫第"的古城垣博物馆。这里陈列着 200 多幅照片，浓缩了贵州自明代以来的城垣、古堡、营盘、碉楼、城壕、关隘、烽火台。贵州现存的古城垣还有许多，如贵阳的东门城墙和武胜门，明代的真安州城垣、赤水古城垣、镇远府城垣和卫城垣，还有毕节层台卫、盘县普安卫、晴隆安南卫等城垣。土司城堡，最典型的是遵义海龙囤和大方"九层衙门"遗址，此外有黄平岩门同城和德江水特姜司城。营盘以松桃存留最多，清代在此设有 48 个营汛，构筑营盘、屯堡、炮楼、碉卡逾千座，形成一条条断断续续的"边墙"，现存 480 公里，规模较大的古堡有正大营和盘石营。关隘颇多，著名的如黔北的娄山关、黔中的图云关、雅关，晴隆的海马关等。由此可窥见贵州明清时期的古城风貌，反映贵州 600 年的沧桑。

● 象征崇文的甲秀楼和文昌阁 ●

甲秀楼是贵阳的地标性建筑，看见甲秀楼就知道是贵阳。在贵阳城中，与之媲美的还有"绝世奇楼"文昌阁。甲秀楼和文昌阁的建筑思想，饱含中国的传统文化，在建筑构造上具有独创性与唯一性，堪称中国古典建筑的经典之作。这两处建筑都很有创意，具有深厚的文化内涵，甲秀楼象征文化兴起，"科甲挺秀"，人才辈出，而文昌阁崇奉的是天上的文曲星，异曲同工，标志着贵阳是一个文化之城，标志着贵州建省以来文化蒸蒸日上。甲秀楼与文昌阁都始建于明万历年间，400 多年来，经过许多风风雨雨，依然伫立在贵阳城中，激励人们努力向上，对文化孜孜不倦地追求。2006 年，经国务院批准，将甲秀楼和文昌阁列为国家重点文物保护单位，同时进入"国宝档案"。

明万历二十年（1592 年），安徽歙县人江东之任贵州巡抚，重视文化教育。他参拜了城南的武侯祠，对着滔滔的南明河喟然而叹。一种强烈的使命感和责任感，使他产生了一个念头：在回水激荡的上方，垒石作鳌矶状，在鳌矶石上修建一座高楼。这是一座三层三檐四角攒尖顶阁楼，高 20 米，翘然挺立。他挥毫题下了"甲秀楼"三字，凝练、典雅、含义深刻，道出了"神着妙悟"的真趣，更追求一种高远、深邃的"意境"，赞美这里秀色"甲于黔中"，期盼贵州"科甲挺秀"，

甲秀楼近景

涌现人才。把楼建在水中，巍然立于鳌矶石上，别有一番创意。鳌矶石屹立水中，意在"砥柱中流"，能经受"波涛汹涌之冲激，风雨雷霆之动荡"。建楼其上，既有"宛在水中央"的诗情画意，更是"独占鳌头"的象征，敢为人先，出类拔萃。正是："五百年稳占鳌矶，独撑天宇，让我一层更上，茫茫眼界开拓……"

　　南明河蜿蜒贵阳城南，河水清且涟漪。涵碧潭回水荡漾，杜芳洲芳草萋萋。两岸垂杨挂柳，河中渔歌晚唱，对岸有南庵、武侯祠。建一座桥将鳌矶石与南岸连接起来，构成一条自然与人文的风景线。桥因两岸地势高差而有起伏，圆润柔和的曲线蕴含着无限美感，看去像是漂浮在水上的一条玉带，故名"浮玉桥"。这桥原为九孔，半圆形的桥孔映在水中，刚好是一个正圆，有如水中明月。流水在桥孔中环流，人道是"长江水倒流，九眼照沙洲"。透过清晨的薄雾，落日的霞辉，远望桥上行人、桥下碧水，把人带入了诗一般美景，"水在碧玉寰中流，人在青莲瓣里行"就是这里风光的写照。对岸有王阳明题咏过的南庵，有永历王朝修建的拱南阁，翠微园苍翠、清幽而富有书香气息，颇有苏州园林的韵味。近有城郭，远有青山，把这些江南式建筑置于天地之间，呈现出"烟雨楼台山外寺，画图城郭水中天"的美景，几百年一直是人们流连忘返的地方。

甲秀楼

文昌阁

　　与甲秀楼遥遥相对的文昌阁，耸立在贵阳古城老东门的城墙之上，它是"九门四阁"之一。文昌阁是明万历二十四年（1596年）所建，供奉的是文昌君，也就是天上的文曲星，激励人们努力奋发，金榜题名，与甲秀楼的"科甲挺秀"一脉相通。文昌阁的外观并无新奇之处，无非是一座三层三楼的阁楼，而它的建筑结构却别具匠心，颇有"平中见奇"、"点石成金"之妙。它的底层呈正方形，而第二层和第三层却变成9个角。9个角的度数并不相同，前面3个角为30度，其余6个角为45度，实际上是将圆周4等分后，再将正面的一段弧平分3段，其余3段弧一分为二，构成一个不等边九边形。阁内54根柱、81根梁，它们都是9的倍数，刻意追求9这个极数。这种设计，很有科学道理。二、三层的金柱都不穿过楼板，它下面也没有相应的柱子，使二层和底层减少了一圈柱网，增加了室内使用空间。这种梁柱结构，可使上部的负荷均匀分散地向下传递，减少对底部的压力，同时有利于建筑的稳定性，所以经过地震也没有倒塌。文昌阁构思精巧，结构独特，堪称中国古建筑一绝。

　　江东之的殷切期望，贵州人对文化的追求，终于变成现实。自明以来，贵州文化渐兴，人才联袂而起。明清两代，贵州出了"六千举人，七百进士"，清代还出了"三鼎甲一探花"，印证了"科甲挺秀"。到了近代，在政治、经济、文学艺术、科学、教育各方面都涌现出许多出类拔萃的人物，展现贵州文化的光彩。

● 六百年的遗存云山屯 ●

　　明代中央为了控制西南、巩固云南边防，在贵州沿驿道设立24个卫，每卫辖5个千户所，每个千户所下辖10个百户所，以百户所为单位建立屯堡，千余屯堡星罗棋布。安顺为湖广通云南的驿道所经之地，战略地位重要，素有"滇之喉，黔之腹"的说法，明代在此建立普定卫，有屯堡数十个，云山屯便是其中之一。云山屯位于安顺市西秀区以南18公里处，它与周围的本寨、章庄、吴屯、竹林、小山、雷屯、九溪

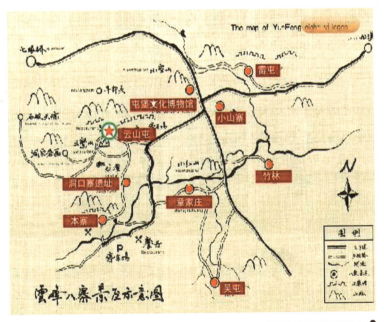

云峰八寨示意图

屯堡人家的宅门

屯堡巷道

合称"云峰八寨"，有军屯也有民屯。在11平方公里的地方，8个村寨散布在山清水秀的山间坝子之中，阡陌相连，聚落相望，既可耕作又可防守，既能各自为战又可互为支援，堪称军事防御体系的杰作，又是明代开发贵州的历史见证。在现代化迅速推进的今天，古城不见了，明代的屯堡、村寨大都消失，而平坝、西秀区、镇宁一带至今还保留许多屯堡，保存"大明遗风"、"江淮余韵"，真乃"天下一绝"。

云山屯坐落在云鹫山麓，山势险峻陡峭，古树浓荫，一条盘山小道通往古堡，堡前是一片开阔的原野，有稻田、溪流和水车，这便是"屯堡人"的家园。数公里长的石墙，依山势蜿蜒起伏，残垣断壁诉说着历史的沧桑。抬头仰望，入口处高耸起歇山顶的箭楼，居高临下，在险要之处设有10多座石砌碉楼，云山屯就是一座军事城堡。在这个封闭的屯堡中，有一条东西向的主街纵贯全堡，与数条弯曲的小巷连接。小巷把若干院落串连起来，巷道窄，院墙高耸，石板铺路，古色古香。主街两旁有商店、民居，还建有戏楼。街巷有蛛网状排水系统，下水处的"地漏"用整块石头镂空而成，有青蛙、龙凤、蝙蝠等浮雕图案，通过阴沟排水。堡内住着500多户人家，穿着悉如古人。和尚捧钵而来，在云鹫山上建起佛寺。道士在这里找到了"洞天福地"，在山顶的悬崖上修建三层重檐的玉皇阁，可以登高远眺。

云峰八寨的建筑，把江南民居的风格与当地的石头建筑完美结合起来，形成别具一格的"屯堡建筑"。来到这里，仿佛走进一个"石头世界"，石头的道路石头的墙，石头的屋顶石头的房，石头的碾子石头的磨，石头的碓窝石头的缸。周围的石碉楼形成掎角之势，从不同角

●⋯⋯⋯⋯⋯⋯
屯堡碉楼

度控制屯堡的制高点，碉楼巍峨，四面都开有射击的箭孔，构成第一道防线。在主街与巷子交汇的"丁"字口，转角的房屋也设有射击孔，把守巷口，形成第二道防线。民居多为"燕窝式"三合院，结构为一正房、两厢房、一照壁、一天井。也有"城堡式"院落，有高大的院墙和厚实的大门，朝门的过道两侧也有射击孔，便于"各自为战"，构成最后的防线。这种院落，有三合院或四合两种结构，三合院与"燕窝式"结构相同，四合院则有一正、三厢、一天井，一正、三厢、两天井，两正、两厢、一天井，两正、两厢、两天井、两磨角几种。

房屋都是木石结构。院墙用石砌，天井铺石板，用规整的石板盖顶，看去像一个个菱形，称为石板房。天井和门前常有"地漏"，用整块石料雕成花纹图案，通过阴沟排水。屋架为穿斗式、连排木构架、楼板、板壁、门窗均为木质，楼上有木栏杆。正房用双开门，其余为单扇门，

屯堡墙体

屯堡碉楼细节

龙形、鱼形地漏

铜钱形状的地漏

屯堡石门销

各式木门窗上雕有人字格、万字格、寿字格，做工精巧，是典型的徽派木雕式样。朝门最具特色，有两扇厚实的木门，上面罩着"垂花门楼"，保持着徽式建筑的风格。

万字节形地漏

　　也许是集团性移民的缘故，明代的古风世代传承，环境、房屋一如江南，人们穿着古老的服装，演出古朴的地戏，唱佛歌，摆古话，连说话都带有古音，保留许多的明初江南汉人的习俗，来到这里，时间仿佛倒流了600年，回到已逝的明代。

● 不怕风吹雨打的"豆腐桥" ●

贵州山高路险，河流纵横。河流穿行山间，常有高岸深谷，又多急流险滩，渡河不易，架桥更难，故有"上山爬陡坡，下山蹬着梭；对岸呼得应，要走一天多"的民谣。明代以前，人们在小河上筑跳蹬，架木桥或石板桥；在水流湍急的河上用溜索、竹索桥、藤索桥过河；大河上往往以船过渡或架浮桥。明代将中原盛行的石拱桥技术传入贵州，产生了一次飞跃，两百年间便建起了230座石拱桥。石拱桥可在河中砌筑若干坚固的石墩，由单孔桥发展为多孔桥，通过拱券把桥上的重力均匀地分布到桥墩上，不易倒塌。因湖广通往云南的大驿道经过贵州，兴建的石拱桥颇多，如镇远的祝圣桥、福泉的葛镜桥、贵定的清定桥、贵阳的霁虹桥、兴义的木卡桥等。葛镜桥历时400多年，至今完好，工程技术的难度超过其他桥梁，在贵州桥梁史上占有重要一席，在全国也不失为桥梁佳作，1985年被列为贵州省文物保护单位，2006年升格为全国重点文物保护单位。

福泉为驿道必经之路，城东南3公里的河流是麻哈江支流，这里地势险峻，"两山壁立千仞，相束一江，水流如漆，有风不波，雾罩山昏，鲜见天日"。昔日过河，均用溜索，人夹着溜筒从高空溜到对岸，沉

豆腐桥

豆腐桥附近的洒金谷

溺河中者不计其数。明朝万历年间（1573~1620年），平越卫指挥葛镜决心修桥利民，但因山势陡峭，水深湍急，屡建屡塌。起初选址在上游的马腰河，很快就被大水冲毁，因名"上倒桥"。继而建桥于下游鸭爪坝，也未成功，称为"下倒桥"。再建于中游的五里桥，亦遭失败，称为"中倒桥"。几经失败，但葛镜仍不灰心，对着滔滔江水发誓："桥之不成，有如江水。"于是耗尽家财，前后30年终于将桥建成。清代云贵总督张鹤鸣至此，深感敬佩，遂命名为葛镜桥。砌桥的石料端方整齐，形如豆腐，当地人以此桥修建不易，可能是得神仙相助，相传张三丰在福泉山修道，于是编出了张三丰用豆腐架桥的故事，俗称"豆腐桥"。

葛镜桥是一座3孔石桥，全长51.44米，宽8.5米，高30余米。桥位于叠翠山北麓，从绝壁峭崖上堆砌起来，在江心建立一座30多米高的桥墩，最大跨度19.62米。其余2孔，建在沟壑、山谷之中，实为旱桥，跨度分别为11.3米和6.26米。此桥用规整的石块砌成，以糯米、石灰加羊桃藤拌和作黏合剂，并用铁水灌注桥面缝口，坚固异常。400年的风风雨雨，葛镜桥依然屹立，桥上布满藤蔓杂草，显得古老、苍劲。桥头山上有葛镜墓，石壁上有多处石刻。丁尚固有诗赞云："葛镜成桥善意深，讹言豆腐到如今。若非访古寻真迹，枉费仁人好义心。"

朱扶枢的题诗写道："溪山险阻竟沟通，百尺桥横峭壁中。砥柱江流石不转，人谋亦可夺天工。"抗日战争期间，国立交通大学唐山工程学院迁到福泉，院长是著名桥梁专家茅以升。交通大学对葛镜桥进行考查、测量，认为这座古桥"各孔静重和对称的活载完全无问题"，可通过载重10吨的货车。

贵州是一个巨大的桥梁博物馆，适合各种复杂地形和地质条件的桥型齐备，从古老的桥梁到现在的桥梁都有创新，在国内引人注目。石拱桥在中国起源虽然古远，但著名的桥多在地势平坦的地区，如赵州桥、卢沟桥等等。石拱桥技术传到贵州人手里，结合地理环境而有许多创新，葛镜桥就是一个典型，无论选址、测量、设计、构筑上都有较高的科学含量。福泉葛镜桥展示了中国古代科技之光，显示了贵州人民的创造力，成为贵州开发的历史见证，在全国有特殊意义。

● 与山崖一体的伍龙寺 ●

去到平坝天龙镇，举目望去，便见一座孤峰耸立在田野之中。山势陡峭，南、西、北三面有如刀削，高不可攀。山顶一平如砥，没有峰巅，像是一个平台突兀插入天际，故名"天台山"。这是一座地道的石头山，山上缺土，却是灌木丛生、古木葱茏，藤萝倒挂。明朝万历十八年（1590年），广顺白云山僧人来此开山，在山顶修建伍龙寺，是一座有500多年历史的古刹。古刹犹如一座石头城堡，四围的墙体均用石头砌筑，高大、厚实的石墙与山崖浑然一体，仿佛是山体向上延伸，更显得高峻、挺拔。它与山下的天龙镇及平坝、安顺一带的石头村、石头寨、石头城堡在风格上是一致的，共同组成一个奇妙的石头世界，成为耸立在喀斯特地貌上的一群巨大雕塑，蔚为大观。古建筑家来此考察，大为惊讶，认为它在布局和构思上天下无双，堪称山地石头建筑的杰作，被誉为"隐蔽在深山中的明珠"，2001年经国务院公布为第四批全国重点文物保护单位。

三面陡峭的天台山，只有南面有路可以攀登，可谓是"自古天台一条路"。山腰层林环绕，悬崖上刻有"大观上山"四字，提示人们"好景就在上头"。上山需过四道山门、两个月台。佛寺的山门，实际上是三个门，中间为"空门"，两边是"无作门"和"无相门"。因为这里地势狭窄，不便三门并开，于是建筑家便作变通处理，将三门分作三处，布置在上山的道路上。第一道山门在山腰，门楣上题有"黔南第一山"，算是这组建筑的前导。往上是第二道山门，牌楼式的门上有"天中之天"四字，把人一步步引入天台胜景。入门后有一座石构的小月台，台前的云龙浮雕若隐若现，上有古松倒挂，玄妙极了。第三道为拱券门，门上有"八仙过海"浮雕，但刻的却是"印中禅院"四字，有点似佛非佛、似道非道。石门旁边有一副点景的对联，上联是"云从天出天然石峰天生就"，下联是"月照台前台中胜景台上观"。处处紧扣一个"天"字和一个"台"字，又无处不显示出天台山的胜境。第三道门的后边又有一个更大的月台，石壁上镌刻的是"天上风云骤，台前色相幽。山深忘世界，寺古别春秋"。仿佛在暗示人们，来到这里，便进入一个超凡脱俗的清幽世界。第四道拱券门上，刻有"清静禅院"四字，下面刻着"伍龙寺"三字。

伍龙寺虽说是庙宇，但外观上俨然是一座石头建筑的城

天台山

伍龙寺山门

伍龙寺

伍龙寺

堡，与上山的四道关隘互相呼应。因为这里的佛教先到，所以按佛家的规矩建"寺"，但后来道教也把它当作"洞天福地"，在寺中修建了玉皇阁，佛寺与道观合为一体，成为亦佛亦道的古建筑。为了使古堡与山体一致，建筑师独具匠心，有意将山崖的缺失部分补平。寺前的山崖上，原有一条长长的石缝，修建时用石将缝大致填平补齐，然后把石墙砌在悬空的巨石上。前面提到的小月台和大月台，实际上是利用山体的凹进部分略加砌筑，利用平台后的石壁作题刻浮雕，使之与山体浑然一致。

山顶的平面并不规整，近似一个三角形，且中间略高，前后稍低。但进入寺内，布局却很规整，而且主体建筑均布置在中轴线上，这又是它在建筑上与众不同之处。寺庙是一个两进的四合院，前院为佛寺，后院为道观。佛殿就地势垒起一个平台，有石阶上下，殿前的两根大柱立在两个大石狮背上，显得巍峨、宽敞、壮观。佛殿两边各有三间厢房，但仔细观察，一侧地面宽广，另一侧则很狭窄，实际上是在一块三角形的地面上修建规整的四合院。建筑师的巧妙，就是在狭窄的一端建起两间厢房，不足部分则修一假壁配成三间，保持对称的格局。后院的主体建筑是三重檐的玉皇阁，右侧为关帝殿，左侧为祖师殿。虽然它的地势比佛寺要低，但因道观为两层阁楼，正面看去反而高于佛寺，显出层次感。前院和后院的侧边，利用山崖修建一条"天街"，直达山顶。"天街"修在悬崖峭壁上，正是："云铺飘渺最高峰，石蹬通天更几重；曾约同游孤顶寺，今来独听一声钟。"最高处是一个"望月台"，似可"九天揽月"，有"琼楼玉宇，高处不胜寒"之感。俯瞰台下，万丈深渊，令人心悸。极目远眺，只见四周山峦起伏，又有"一览众山小"的感觉，真是巧夺天工。

● 三教合一的镇远青龙洞 ●

　　来到镇远，站在潕阳河对岸远眺中和山上的青龙洞古建筑群，像是一幅巨大的风景画高悬于山水天地之间。碧透的江水从山下静静流过，天幕上飘浮朵朵白云，翠绿的山崖上镶嵌着一个烟雨楼阁的庞大

镇远古民居

镇远远眺

建筑群，还有一座七孔的石桥将两岸连通。从山脚向上仰望，只见重楼殿宇，层叠而起，贴壁凌空，参差错落，与山崖浑然一体。从侧面看，一座座梵宇宫观、楼台亭阁雄踞崖巅，好似一件巨型雕塑。这样的建筑，在国内唯一能够和它相媲美的只有山西恒山的悬空寺。它虽然险峻不如悬空寺，但绿色的山体和清澈的江水使它格外生色，而它的建筑特色和文化内涵却是其他地方无法相比的，1988年就被列为全国重点文物保护单位。

　　中和山坐落在镇远城东的潕阳河畔，山势突兀挺拔，悬崖峭壁，异岩突生，山腰有中元洞、紫阳洞、青龙洞等天然洞穴，以青龙洞最为著名。明初，道家飘然而来，在这里找到"洞天福地"，建起了真武观、玄妙观。嘉靖九年（1530年），镇远知府黄希英看中了这个清幽的地方，在此建起了紫阳书院。明代中叶以后，禅和诸子来到这里，在山上建起了中山寺、青龙洞寺。儒、道、佛三家纷至沓来，经过明

清 500 多年时间，在这里形成一个庞大的建筑群。这是贵州最大的一组古建筑群，占地 2.1 万平方米，建筑面积 6 165 平方米，包括中元洞、紫阳洞、青龙洞、万寿宫、祝圣桥、香炉岩 6 组建筑。

　　从中元洞进入，洞口上题有"中元禅院"四字，这里有大佛殿和藏经楼，有立于千佛岩上的望星楼，中元洞内既有张三丰修道之所，又在崖壁上塑有千手观音像，佛、道共处，故以道家的"中元"和佛家的"禅院"命名。紫阳洞以紫阳书院得名，有供奉孔子的圣人殿和科举时代的考棚，但与圣人殿骈体连翼的却是一座四角三层歇山顶的老君殿，供有雷神、太上老君和元始天尊，"紫气东来"与"春风化雨"表明这里是"儒道相济，共享灵岩"。青龙洞建有正乙宫、吕祖殿、斗姥宫、玉皇阁等道教宫观，又在吕祖殿北侧建观音殿，两层的观音殿显然比四层的吕祖殿要低，于是将观音像塑在屋顶，而观音殿的上方则是玉皇大帝的凌霄殿，佛道在此试比高低。在观音殿的岩下有一

镇远中和山

镇远青龙洞

镇远万寿宫戏台

座正乙庙，供的是财神。往下是江西会馆"万寿宫"，它是一座用高大封火墙围成的三进院落，有牌坊、戏楼、厢楼、杨泗将军殿、许真君殿、文公祠及客房等单体建筑。香炉岩是一座临河的独立山体，建有疑岘亭，历代文人墨客多在此题咏。祝圣桥横跨潕阳河，它是一座七孔石拱桥，桥上建有三层重檐八角攒尖顶的魁星阁，底层柱上有"扫净五溪烟，汉使浮槎撑斗出；辟开重驿路，缅上骑象过桥来"的楹联。

青龙洞建筑群堪称天下一绝，构思之精巧，布局之灵活，风格之多样，环境之和谐，可谓建筑的大手笔。它在建筑上最高明之处，在于依山就势，充分利用悬崖峭壁、深沟浅壑、天然溶洞，创造一种"附崖建筑"，有的雄踞崖巅，有的横跨沟洞，有的立于崖畔，有的半依山岩，山体与建筑浑然一体。崎岖不平的山地，无需施以斧凿，或在悬崖前立一排木柱以为支撑或因地势高低而分立，柱以巨岩作为支撑点托起一座殿堂，甚至可以一根独木建成一座"独柱亭"。有的在洞厅内建起一座寺庙即成"洞中有庙"，有的则是外面建庙而洞在其中，形成"洞中有阁，阁中有洞"的奇观。建筑物之间没有采用悬空寺的栈道,而是利用洞穴、山路、沟壑形成"曲径通幽"的意境。寺庙宫观与江南庭园式建筑配合得十分默契，但又突出了山地建筑的特点。建筑物

镇远天后宫

不在一个平面上，不同地势上的建筑叠加在一起，好似一幢拔地而起的高层建筑，富有立体感。房屋楼宇高低错落，疏密相间，又显出层次感。建在山下的万寿宫，以高大的封火墙在视角上构成一个高大的平台，将整个建筑群抬升起来，显得巍然，别具匠心。

　　青龙洞建筑群的最大奥秘，就在于它隐含着丰厚的文化底蕴。佛寺、宫观、楼台亭阁、书院、会馆各有不同的风格，在这里被一条"青龙"把它们串联起来，凝结在中和山的岩壁上，显得十分协调，天衣无缝。儒家的"中庸"、佛家的"慈悲"、道家的"顺其自然"，都在"以和为贵"的原则下"和平共处"。出世与入世之间，世俗与超凡之间，商贾与宗教之间，似乎在这里找到某种契合，显得"和谐"、"兼容"。

● 历史文化名镇青岩 ●

　　离繁华的贵阳市中心约 25 公里，如今还保存着一座青岩古镇。它的历史比贵州建省还早，明洪武二十四年（1391 年）贵州前卫便在这里设屯堡，住有屯军百余户。明末，大旅行家徐霞客作"万里远游"，过青岩时写道："城中颇有瓦楼阛阓焉"，城外"大树蒙密，小水南流"、"两山密树深箐"。天启年间，土官班麟贵将屯堡扩建为青岩城。清咸丰三年（1853 年），青岩团总赵国澍用石头修建城垣，确立了青岩城的规模和格局，成为"千家之邑"。这里曾经戎马倥偬，也曾是商贾辐辏、香火缭绕、书声琅琅。青岩是贵州历史文化的缩影，600 余年的沧桑在这里留下深刻的印记，凝结成众多文物古迹。慈云寺、文昌阁、万寿宫、龙泉寺、赵彩章百岁坊、周王氏媳刘氏节孝坊、"青岩教案"遗址、赵以炯故居是省级文物保护单位，寿佛寺、迎祥寺、赵公专祠、青岩书院是贵阳市文物保护单位，还有若干区、镇文物保护单位，2005 年国家文物局公布青岩为历史文化名镇。

青岩定广门

600 年的时光，打造了一座石头城。石砌的城垣高高耸立，在山岭上起伏蜿蜒，长约两公里。城墙上有跑道、敌楼、炮台、垛台，设有 4 座城门，北门外有深陷的壕沟。定广门屹立在山冈上，门上有一座两层歇山顶城楼，它是贵州通往定番（今惠水）和广顺（今属长顺）的重要门户，控制着贵阳的粮道，当年"定番米三日不至，省城即成粮荒"。城内石头建筑很多，石砌的城墙，石牌坊；石铺的道路，石院落；石头的柜台，石柱础；石头的水缸，石磨盘；石头的狮子，石雕的花……

青岩在交通要道上，清代以来商业繁盛。城池大约 4 平方公里，以场坝为中心，形成纵横交错的 12 条街道。街道用石头铺筑，爬坡上坎，转弯抹角，两旁有狭窄的古巷。临街的铺面，多是木结构和砖木结构小屋，屋顶盖青瓦，门前挂着招牌、幌子，从前在客栈门前还悬挂着"鸡鸣早看天，未晚早投宿"的灯笼，让人们追忆那已逝的时光。这里看不见豪门贵族的深宅大院，一般是小朝门、石院坝、小轩窗的三合院，显得简朴、宁静而有书香气。小巷住着寻常百姓人家，巷子

青岩古镇

青岩石牌坊

青岩状元府

两旁的墙多用毛石堆砌或土筑，墙上面布满绿草、青苔，恬淡而有山野味。

石牌坊是青岩最富有魅力的景观。这里原有 8 座石牌坊，分立在几座城门附近，有功德坊、进士坊、举人坊、百岁坊和节孝坊，以精湛的石雕彰显这个古镇特有的历史风貌。现存的牌坊还有 3 座，都是四柱三间、三楼四阿顶石牌坊，最精美的是定广门的"赵理伦百岁坊"，牌坊正中横梁上有镂空的"二龙戏珠"石雕，两面有道光皇帝钦赐的"七叶衍祥"和"升平人瑞"题额。上端有 5 个石礅，居中一个，在"龙鳌图"中嵌有"圣旨"立匾。4 根立柱下部有 4 对抱柱的石狮子，不是蹲狮、立狮，也不是卧狮，而是 8 头从高山上俯冲下来的雄狮，奔腾咆哮，神气活现，艺术大师刘海粟称之为"不可多得的艺术珍品"。

青岩虽小，文化兴盛。住在这里的人家，多以"耕读为业"，办起许多私塾，到处书声琅琅。道光四年（1824 年），李、赵、张几大姓在班氏土司宅内办起青岩书院，出了不少秀才、举人和进士。赵家是青岩望族，那两座百岁坊都是为赵家而建，后来在书院隔壁建起赵家祠堂，与文昌阁连在一起。"青岩教案"后，赵氏家道中落。事隔 20 年，冷落的赵家公馆忽然门第生辉，赵国澍的长子赵以焕、次子赵以炯、四子赵以奎都中了进士，"一门三进士"，令人眩目。赵以炯还高中丙戌科状元，因当时云南、贵州两省属云贵总督所管，云南尚无状元，他便成了滇黔两省"状元夺魁天下第一人"。

　　青岩呈开放势态，接纳了"五湖四海"的人，明初从江南、湖广迁来一批汉族移民，清代又来了许多"客民"，在这里建起了江西会馆万寿宫，四川人建起了川祖庙，湖南人又建起了寿福寺。一个千家之邑，竟然有"九寺、八庙、五阁"，佛教建有凤凰寺、龙泉寺、迎祥寺、慈花寺、寿福寺、朝阳寺、观音寺、圆通寺和莲花寺，道教建有东岳庙、孙膑庙、黑神庙、雷神庙、火神庙、药王庙、川祖庙，还有玉皇阁、紫光阁、斗姆阁、文昌阁，近代又传来了天主教和基督教，天主教在青岩设有大修院，还办起了贵州第一个民间信局。

　　抗战期间，青岩热闹起来，陶行知的弟子宋怀中在这里创办社会教育实验区，贵州方言讲习所在这里教苗语、布依语和侗语，苏步青在万寿宫办微分几何研究班，贵州女子师范学校也迁青岩。八路军交通站在青岩设安置点，周恩来的父亲、邓颖超的母亲及李克农、秦邦宪的家属都在青岩住过。

赵公专祠

参考书目

1. 葛剑雄，吴松弟，曹树基. 中国移民史[M]. 福州：福建人民出版社，1997.

2.《贵州通史》编委会. 贵州通史[M]. 北京：当代中国出版社，2003.

3. 侯绍庄，史继忠，翁家烈. 贵州古代民族关系史[M]. 贵阳：贵州民族出版社，1991.

4. 李平凡，颜勇. 贵州世居民族迁徙史[M]. 贵阳：贵州人民出版社，2011.

5. 孔令中. 贵州教育史[M]. 贵阳：贵州教育出版社，2004.

6. 史继忠. 中华地域文化大系·贵州文化[M]. 呼和浩特：内蒙古教育出版社，2006.

7. 贵州省地方志编纂委员会. 贵州省志·汉语方言志[M]. 北京：方志出版社，1998.

8. 史继忠. 中华五千年文化探索[M]. 贵阳：贵州民族出版，1997.

9. 中国贵州王阳明国际学术讨论会论文集[M]. 贵阳：贵州教育出版社，1997.

10. 王春才. 三线建设铸丰碑[M]. 贵阳：贵州人民出版社，1995.

11. 史继忠. 多彩贵州（干部版）[M]. 贵阳：贵州人民出版社，2007.

后记

贵州山川秀美、气候宜人、资源丰富、人民勤劳，风情多彩，文化灿烂。18个世居民族，和谐相处，共建家园。《贵州世居民族文化书系》正是建立在人类学、民族学、文化学的研究成果基础上，以叙事方式为主，向世人勾勒贵州世居民族文化版图，展示贵州世居民族悠久的历史文化与和而不同的美丽生存，以全新的视角探寻各民族的文化发展轨迹，解读各民族具有鲜明特色的文化事象，诠释各民族充满神奇魅力的新形象。

《贵州世居民族文化书系》编委会对书系的宗旨、目标、体例和风格等进行项目论证和定位，负责确定写作大纲，并对书系的组织架构、写作要求和作者物色等进行统筹安排。

《华夏之裔·汉族》一书的图片得到了贵州省摄影家协会的大力支持（经多方搜寻，仍有部分图片未能寻到作者，作者见书后请与出版社联系）。

在此，对所有为书系作出贡献的人士表示衷心的感谢！因编辑水平所限，书中难免有不尽如人意之处，恳请读者批评指正，以便图书再版时予以弥补。

《贵州世居民族文化书系》编委会

2014 年 6 月